한국 대통령의 길道

국민소득 5만 불 진짜 주인의 꿈

백 진 우

붉그루

한국 대통령의 길道

국민소득 5만 불 진짜 주인의 꿈

1판 1쇄 인쇄 | 2021년 12월 08일
1판 1쇄 발행 | 2021년 12월 08일

지은이 | 백진우
펴낸이 | 이창호
표 지 | 늘솜
인쇄소 | 금강인쇄(주)
펴낸곳 | 도서출판 북그루

등록번호 | 제2018-000217
주 소 | 서울특별시 마포구 토정로 253, 2층(용강동)
도서문의 | 02) 353-9156 팩스 0504) 383-0091
이메일 | bookguru24@hanmail.net

ISBN | 979-11-90345-14-9 (02340)
정 가 | 12,800원

한국 대통령의 길道

국민소득 5만 불 진짜 주인의 꿈

백 진 우

머리글

나는 왜 이 책을 쓰는가?

독자들은 왜 이 책을 읽어야 하는가?

제20대 대통령 후보가 정해지고 '21.03.09 대선을 위해 뛰고 있다. 그런데 선뜻 찍고 싶은 후보가 보이지 않는다.

왜일까?

조선일보('21.11.29. 사설)에는 '대선 100일 앞인데, 한심한 논란으로 실망만 주는 후보들'이라는 사설이 다음과 같이 게재되었다.

"내년 선거는 대한민국이 다시 미래를 향해 전진할 수 있느냐는 중대 기로다. 문재인 정부 5년 동안 시장원칙을 무시한 소득주도 성장 정책으로 수백만 명의 자영업자와 소상공인은 벼랑 끝으로 내몰렸다. 제조업과 3040일자리는 격감하고 세금 알바 자리만 늘었다. 나랏돈 풀어 지원금을 퍼주다 보니 국가채무는 1,000조 원에 육박한다. 비현실적 부동산 정책으로 집값·전세값은 급등하고 세금 폭탄이 날아들었다. 무리한 탈원전으로 세계 최고 경쟁력을 가진 원전 산업은 토대부터 무너졌다. 김정은과 정상회담 이벤트에 매달리며 대북 저자세로 일관하다 안보는 위태로워지고 동맹관계는 흔들렸다. 국민들은 내년에 출범할 새 정부가 나라를 다시 번영의 궤도로 되돌려 놓아주기를 간절히 기대하고 있다. 하지만 유력 여야 정당후보의 요즘 모습은 실망스럽기 이를 데 없다…"

필자는 현재 한국사회의 가장 큰 과제는 '소상공인·자영업, 어떻게 살릴 것인가?'라는 과제라고 본다. 그러나 그 어느 대선 후보도 여기에 대한 명쾌한 해법 관련 공약은 보이지 않는다.

답보상태에 놓여있는 북핵 해법이나 한민족의 통일 방안도 보이지 않는다. 제4차 산업혁명이 가파르게 진행되고 있는 문명 대전환기에 대응하기 위한 '한국의 꿈夢'을 펼쳐 보이는 후보도 찾아보기 어려운 실정이다.

주변에서는 '우울증 대선'이란 말이 들리기도 한다. 그렇지만 국민은 어쩔 수 없이 누군가를 선택해서 투표를 해야 되고, 누군가는 당선이 되어 향후 5년간 한국호號를 이끌어 나가게 될 것이다. 이런 대통령 선출 구도로는 국민이 진짜 주인 역할을 하는 것으로 보기 어렵다.

"정치꾼은 당장 선거승리를 생각하고, 정치가는 다음 세대의 일을 먼저 생각한다."는 말이 있다. 국민이 정치꾼을 선택하든 정치가를 선택하든, 그 결과에 대한 최종 책임은 국가의 주인인 국민의 몫이다.

대한민국 헌법 제1조 제2항은 '대한민국의 주권은 국민에게 있고, 모든 권력은 국민으로부터 나온다.'로 규정되어 있다. 과연 그 럴까…?

지금은 메타버스Metaverse를 통해서 개인이 개성있는 아바타로 다양한 가상 공간에서 소통하며, 자기 나름대로의 왕국王國 또는 세계世界를 건설할 수 있는 '개인=국가=세계'의 시대이다.

필자는 국민적 논의의 출발선이 될 '국민이 진짜 주인된 한국인 의 꿈'을 꾸며, 한반도·한민족을 세계 중심으로 이끌어 가는 '한 국의 꿈夢'을 제시하는 지도자―대통령 상像을 기다리고 있다.

아울러 선열들이 꿈꿔 온 '백성들이 의·식·주로부터 해방되 어 춤추는 세상'을 만드는 국가사회 시스템 혁신과 함께, 인류가 지구地球라는 '알卵'에서 '새鳥'로 깨어나 은하계銀河系의 시각에서 황금문명을 선도해 나가기 위한 인류사人類史적 각성覺醒의 계기 가 되기를 바라는 메시지가 바로 이 책이다.

이것이 필자가 이 책을 쓰게 된 이유이며, 독자 제위가 이 글을 읽어야 하는 이유라고 본다.

필자는 한국의 제20대 대통령부터 '한국의 꿈夢' 또는 비전을 제시하고 명료한 목표와 타당한 전략이 나타나기를 희망한다. 따 라서 논의의 출발선 기준으로 진짜 주인된 국민이 요구하는 대통 령의 조건을 『국민소득 5만 불 진짜 주인』된 세계중심국가 건설' 의 5·9정책(공약)안을 만들어 제시했으므로 참고하기 바란다.

사재私財 3,000억 원을 들여 '태재 미네르바 대학'을 만들고 있 는 조창걸 한샘 명예회장은 조선일보(2021.10.11. 송혜진이 만난 사람

참조)와의 인터뷰에서 이렇게 말했다.

"닥쳐 올 한반도의 위기를 넘으려면 리더의 역할이 절실하다. 우리는 리더가 미래를 제대로 보지 못해 여러 차례 재난을 맞았다. 임진왜란과 병자호란, 6·25와 남북분단이 그렇다. 특히 우리에게 6·25와 남북분단을 안긴 미·중美中 갈등은 70년이 지난 지금 더 아슬아슬하고 첨예하다.

G2 반열에 오른 중국이 미국과 맞붙으면 엄청난 재앙이 일어날 수 있고, 지정학상 가장 큰 피해는 우리나라가 입게 된다. 한국이 국민소득 3만 달러 대에 진입했다지만 국제정세 틀 안에선 유리그릇보다 약하다. 이 위기를 제대로 진단하고 예방할 수 있는 리더를 키워야 한다."

그렇다! 이 책은 현재의 북핵北核 위기를 한국이 세계중심국가로 자리매김하는 기회로 활용할 아이디어를 제시하고 있다. 그것은 바로 '세계(연방)정부' 수립을 선도하는 것이다. 지구촌 세계가 국경선과 휴전선이 없는 '지구촌 세계통일정부'가 수립된다면 핵무기는 필요없게 될 것이다. 당연히 남북통일도 이뤄질 것이다.

현재 지구상에는 인류 전체를 몇 차례 멸망시킬 수 있는 핵무기가 쌓여 있으며, 연간 약 1,800조 원에 달하는 소모성 국방비 부담으로 휘청거리고 있다. 만약 지구촌이 하나의 정부로 통일된다면 국방비의 대부분은 과학발전과 복지증진 등의 재원으로 활용될 것이다. 따라서 한국의 지도자가 '핵核 없는 세상'의 구현을 위한 리더십을 발휘한다면, 차츰 차츰 세계가 따라오게 될 것이다.

이 책은 '제1부. 국가사회적 난제 해결방안', '제2부. 골목상권 공동경영협업체 운동의 횃불(제2의 새마을운동)', '제3부. 한국의 꿈夢은 없는가?'로 구성되어 있으며, 내용은 대략 다음과 같다.

첫째, '국가사회(시스템)혁신국민토론광장의 신설·운영'이다. 제20대 대선이 시작되면서 각 당의 후보들은 표票를 의식한 각종 공약들을 쏟아낸다. 그 공약의 타당성과 실현 가능성에 대한 전문가들의 분석과 국민적 아이디어의 결집·토론에 의한 합의과정은 없는 셈이다. 어쩔 수 없이 차선책을 선정하여 5년 간의 '한국호號 선장'을 맡기고는 집값 폭등 등 엄청난 손실과 피해를 입어도 어쩔 수 없이 감내해야 하는 현재의 시스템은 혁신되어야 한다. 평소에도 국민 누구든 국가·사회의 혁신을 위한 아이디어를 제시하고 전문가들이 분석하여 우선 순위를 정하고 국민적 토론·합의 과정을 거치고 예산 사정 등을 감안하여 정책으로 채택되는 시스템이 마련되어야 한다.

필자는 논의의 출발선으로 현재의 행정·입법·사법의 국가 조직을 대대적으로 혁신하여 국가예산(일반회계예산+특별회계예산) 중 연간 30~50%(300조 원 내지 500조 원) 정도를 절감하여 '국민소득보전기금' 및 '국가고용관리기금' 등으로 활용할 것을 제안한다.

둘째, 한국경제의 성장동력으로 '소상공인산업의 글로벌화'를 견인할 수 있는 '골목상권 공동경영협업체'의 제도화와 제2의 새마을운동으로 추진할 것을 제안하였다. 제4차 산업혁명의 첨병 역할을 수행하는 스타트 업start-up 등 강소 소상공인을 집중적으로 육성하고, 과밀한 소상공인·자영업의 해외 진출을 뒷받침하는 등 현재 가장 큰 난제로 부상한 '소상공인·자영업, 어떻게 살릴 것인가?'에 대한 대안을 제시하였다.

셋째, 대졸 미취업자 등 실업·일자리창출 문제를 해결하기 위하여 '국가일자리관리공단'을 설치하고, 약 300만 명 내외의 취업 희망자들을 공단에서 직접 고용하고 기본급 지급과 함께 교육·훈련을 거쳐서 중소기업·소상공인 등 제4차 산업혁명에 필요한 애로·문제해결을 요청할 경우에 50%의 급여를 받는 조건으로 일정기간 파견 근무를 하는 제도적 장치를 제안하였다.
이 제도 운영은 연간 약 50조 원 내외의 예산으로 가능하며, 일종의 소득주도성장 전략의 일환이라고 보면 된다.

넷째, 급격한 인구절벽의 위기를 해소하기 위하여 '국가보육책임제도'를 확립하여 '24시간 전일全日보육원'을 개설하고, 신생아 1명당 3억 원 카드(단, 1일 5~10만원 지출한도)를 제공하는 등 획기적인 출생률 회복의 방법이 모색되어야 한다. 아울러 노인 인력의 생산적 활용·AI 로봇 등 노동력 절감 등 '국가생산노동력총량제' 실시를 제안하였다.

다섯째, 국민 44% 내외의 무주택자들은 저렴한 주거비가 전제조건이 된다. 따라서 건축비만 부담하는 '공공토지 임대부 아파트'의 건축부지를 획기적으로 확대하기 위하여 기존 개발제한구역(그린벨트) 등 재조정과 산지山地의 택지개발을 신축적으로 허용하고, 줄어든 녹지의 확보와 쾌적한 주거환경을 위한 옥상 식목, 담장대신 식목울타리 조성, 길거리 공원 등 녹지 확보를 병행하는 '산지간척(?)사업과 녹지총량제'를 제안하였다.

여섯째, 북핵北核문제 해결을 지렛대로 활용하여 '핵核 없는 세상'의 선도와 함께 평화적 남북통일방안으로 '세계(연방)정부통일방안'을 제시하였다.

일곱째, '한국의 꿈夢'으로 '국민소득 5만 불의 진짜 주인된 세계중심국가 건설과 황금문명의 선도'의 길을 제시하였다 등등.

세상 만물은 본성本性과 움직이는 원리原理가 있으며, 이것은 곧 지식知識의 본체이며 이 지식을 적절히 활용하는 방법이 곧 길이며 도道이며 지혜이다. 그리고 이 지식과 지혜智慧를 깨우치고 사회화 또는 공유共有하는 과정이 바로 교육敎育이라고 할 수 있다. 이것이 중용中庸의 '성性 · 도道 · 교敎'를 꿰뚫은 개념이며, 국가적 리더의 본질적 자질이라고 할 수 있다. 이 자질을 겸비한 사람이 곧 현대의 군자君子이며, 천인합일天人合一의 경지에 이른 성인聖人의 길을 걷는 자이다.

"행동하지 않은 양심은 악의 편이다."라고 故 김대중 대통령은 지적했다. 그러나 한국의 대통령은 교육만으로 키워내기는 한계가 있다. 전문가들의 연구에 의한 치밀한 국가사회 시스템의 분석과 설계, 지속적인 관리, 국민적 이해와 동의를 얻을 수 있는 절차와 방법으로 인프라Infrastructure를 준비하는 등 다각적이고

한국대통령의 길

총체적인 시스템적 노력이 필요하게 된다.

정부도 이제는 나라의 주인인 국민에게 세금 납세만 요구할 게 아니라, 국가사회 운영시스템의 재설계 등을 통하여 최대한 절약되는 재원으로 서민들을 중산층으로 만들어 양극화 문제를 해결하는 주체가 되는 방향이 바람직스러운 것이다.

이 책은 '권리 위에 잠자는 자는 보호받지 못한다.' 그리고 '꿈은 이루어진다.'는 사실을 일깨워 줄 것이다.

이 글을 쓰게 된 계기와 영감을 느끼게 해준 조창걸 명예회장님 등 여러분들께 감사와 경의를 표하며, 책 출간을 격려해 주신 주위 분들과 출판사 임직원분들께도 감사를 드린다.

2021. 11. 11.

임시세계정부 수립 선언 10주년을 기념하며

임시세계정부 상임의장/경영지도사

백 진 우 씀

제3부 '한국의 꿈夢'은 없는가?

제1부

국가 사회적 난제의 해결방안

1. 국가사회혁신국민토론광장

영국의 철학자 S.클라크는 "정치꾼은 당장 선거승리를 생각하고, 정치가는 다음 세대의 일을 먼저 생각한다."고 지적했다. 정치꾼은 현실 감각과 유권자와의 공감 능력이 뛰어나 선거승리와 당리당략을 먼저 생각하며 다수의 의견에만 귀 기울이는데 반해, 정치가는 미래의 시각에서 국가와 민족의 전체 차원에서 장래와 공익을 먼저 생각하며 선지자先知者적인 소수의 충언을 경청한다. 주인인 국민이 어떤 정치인을 선택하든 그 결과에 대한 최종 책임은 국가의 주인인 국민의 몫이다. 따라서 제20대 대통령 선출을 앞둔 주인의 판단과 역할을 제대로 올바르게 수행하기 위한 깊은 고민과 몸짓이 꼭 필요한 때가 아닐까?

국가혁명당 허경영 후보가 제시한 국가혁명당의 33정책을 보면 그야말로 혁명적인 공약들이 다수 들어있다. 그리고 현재 여당인 더불어민주당의 이재명 후보는 기본소득제 등을 공약으로 제시했다. 연간 국민 1인당 100만 원, 청년들에게는 200만 원을 지급하겠다는 내용이다. 야당인 오세훈 서울시장은 '중위소득보

전제도'를 공약으로 제시한 바 있다. 소득 배분을 중시한 정책 공약이라고 볼 수 있다.

그런데 한국의 1인당 잠재 GDP 성장률이 2030년 이후에는 OECD 회원국 최하위권으로 추락할 것이란 OECD 전망이 나왔다. 2007~2020년의 연평균 2.8%에서 2030~2060년 0.8%로 떨어져 캐나다와 함께 OECD 38국 중 꼴찌로 내려간다는 것이다. 2039년엔 일본에도 역전될 것으로 전망됐다. '잃어버린 20년'을 겪은 대표적인 저성장국 일본보다도 취약한 '제로(0) 성장국'으로 전락한다는 것이다.

저성장 속에서도 나라빚은 선진국 최고 속도로 늘어날 전망이다. IMF는 한국의 향후 5년간 국가부채 증가 속도가 선진 35국 중 가장 빠를 것으로 예상했다. 성장률은 최저이고, 부채 증가 속도는 최고가 된다는 것이 한국 경제의 미래다.

미래학자들은 인공지능^{AI}, 로봇기술, 사물인터넷^{IoT}, 드론, 자율주행차, 가상현실^{VR} 그리고 최근 5G 상용화에 따른 정보통신 기술발달과 코로나19 팬데믹에 따른 비대면 추세 가속화로 급속히 발전되어가고 있는 메타버스^{Metaverse} 등이 주도하는 4차 산업혁명이 급진전되어 갈수록 수 많은 일자리가 사라질 것으로 내다보고 있다. 그래서 일자리를 잃고 실업상태에 놓일 사람들이 급증할 것으로 예측하고 있다.

현재 기본소득제에 대한 논의가 세계적으로 일어나고 있으며 우리나라도 예외는 아니다. 특히 코로나19의 장기화와 향후 진행될 '위드 코로나$^{with\ Corona}$' 시대가 진행될 것으로 전망되므로 국민의 생계가 위협받는 상황이 되면서 기본소득제를 대선 공약으로 제시하게 되고, 역세권을 중심으로 저렴한 주택을 제공하겠다는 기본주택제, 18세 이상 국민 1인당 1,000만 원씩 여신 제공 등이 등장한 상황이다.

'난세의 영웅, 허경영을 아십니까'(저자 허경영, '21.09.01, 소울미디어)에 제시된 국민배당금제는 18세 이상 국민에게 매월 150만 원씩 지급하겠다는 국민배당금제와 기본소득제와의 차이점을 밝혀 놓았다. 특히 재원 마련방안에 관해서는 다음과 같이 기술되어 있다.

'기본소득제를 시행하기 위한 재원조달방안은 투기 소득에 대한 중과세, 소득세 최고세율 인상, 법인세 인상, 토지세, 다국적 기업의 공조 과세 등을 재원으로하는 방안, 즉 증세增稅가 주요 재원마련 방안이다. 세금을 더 거두어서 필요한 예산을 충당한다는 것이다. 증세에 대한 국민저항에 대해서는 기본소득의 혜택을 부자나 가난한 사람이나 상관하지 않고 똑같이 받기 때문에 그다지 크지 않을 것이라는 낙관론을 펴고 있다. 그러나 지금처럼 방만한 예산 집행과 불필요한 다른 제도들을 그대로 유지하면서 기본 소득제만 실시하는 것은 재원마련에 한계가 있을 수밖에 없고, 재원을 증세에만 두기 때문에 납세자의 불만이 커질 수 있다.
국민배당금제는 현행 국가 예산의 약 70%를 절약하고, 불필요한 제도 폐지, 세금 통폐합, 재산비례 벌금제, 교도소 폐지, 특수 사업자 세원 신설 등으로 재원이 마련된다. 오히려 기본소득제와는 반대로 상속세, 재산세 등의 폐지와 세금 통폐합으로 직접세가 줄어 세금 부담이 적게 느껴지고, 또 세금 포인트 제도로 성실하게 세금을 많이 내는 사람들은 사회로부터 존경받을 수 있도록 우대하기 때문에 세금을 더 많이 내려는 사회 분위기가 형성되는 등 예산 확보에는 아무런 문제가 없다.

기본소득제를 주장하는 측에서 실제 시행을 고려하여 계산해 본 결과 고작 1년에 50만 원이나 100만 원 정도 줄 수 있다는 이야기가 나오게 된다. 이것은 국가가 국민에게 기본적인 생활이 가능하도록 하겠다는 애초의 취지가 무색해지는 금액이 아닐 수 없다. 반면에 국민 배당금제는 국가 예산을 절약하고 제도의 통폐합, 새로운 세원 창출, 국가경제 규모가 커질 수 있는 경제적 선순환 구조 형성 등으로 재원이 충분하게 마련되므로 매월 150만 원 정도를 주는 것은 얼마든지 가능하다.

이처럼 기본소득제와 국가혁명당의 국민배당금제는 제도의 성격이나 의의, 재원마련 방안, 지급금액 등에서 확연히 다르다.'(중략)

위 선거공약에 대해서 유권자들이 어떻게 판단할 지는 미지수이다. 그런데 이미 코로나 1차 재난지원금의 전 국민 지급은 일종의 기본소득제 도입에 대한 작은 실험이었으며, 그후 4차 재난지원금의 지급과 소상공인·자영업체에 대한 손실보상제 등으로 이미 생계가 어려운 계층에서는 좀 더 주기를 바라고 있는 상황이다.

그러나 2016년 스위스의 경우 정부가 매달 성인에게 2,500프랑(약 300만 원), 18세 미만 어린이 및 청소년에게는 625프랑(약 78만 원)씩 기본소득을 지급하는 방안에 대한 국민투표를 시행했으나 부결됐다. 미국 알래스카주는 석유수출 수입으로 알래스카 영구기금을 설립해 1982년부터 6개월 이상 거주하는 모든 지역민들에게 기본소득을 지급하고 있다. 필란드에서는 2년간 시범적으로 시행한 기본소득제에 따른 실험결과가 발표되기도 했다.

맥킨지 컨설팅에서 발표한 실험결과보고서를 보면 대략 다음과 같다.

기본소득 규모는 실업수당의 70%가 살짝 넘는 수준이었으며, 2가지 특징적인 현상을 제시하고 있다. 첫째, 기대와는 다르게 일단 취업률이 약간 상승했으며, 둘째, 삶에 대한 만족도는 엄청나게 a very large increase 올랐다.

기본소득 시도가 사회 조직(경찰, 사법제도, 공공서비스 등)에 대한 신뢰를 높이게 되었는데, 일반적으로 사회시스템과 제도에 대한 신뢰가 높을수록 높은 소득수준과 삶에 대한 만족도를 누리기 때문에 위와 같은 결과가 나왔다는 분석이었다.

지난 '21.4.7. 재보궐선거를 통해서 서울시장으로 컴백한 오세훈 시장은 후보 당시에 '중위소득보전제'를 제시했다. 중위 소득수준에 미달되는 저소득층을 대상으로 연간 3,000만 원 범위에서 차액을 지급한다는 내용으로 알고 있다. 이것은 기본소득제와 달리 중위소득 이상 계층에는 일체 지급하지 않고, 중위소득 기준에 미달한 저소득층을 집중적으로 지원하여 양극화를 해소하면서 유효수요를 확대·창출하여 거시경제의 성장을 견인하는 선순환 경제시스템을 구축하겠다는 의지와 의미가 내포되어 있는 제도라고 볼 수 있다.

따라서 기본소득제가 복잡한 행정절차의 간소화와 조직기구의 통폐합 등으로 국가 예산을 대폭 절감하는 방안이 전제되지 않는다면 오히려 저소득층에 더 큰 혜택이 되고 생계비 등으로 지출액 규모가 큰 '중위소득보전제'가 더 효과적일 수 있다.

필자의 견해로는 기본소득제를 시행하기 전에 국가사회시스템의 전면 개편과 혁신을 위한 전문가의 분석과 설계, 국민적 아이디어 공모제를 통한 동참과 국민적 합의과정 등을 통하여 정부예산의 절감 또는 별도의 재원을 마련하는 과정과 절차가 있어야 한다고 본다.

영국에서 국제금융을 전공하고 금융업에 종사했던 재야의 어떤 사람은 '여신與信과 PF 등 금융기법'을 활용하여 가계부채·신불자의 문제해결, 약 44% 내외에 달하는 무주택자들의 내집마련 등을 해결할 수 있다고 주장하고 있다.

예를 들어서 무주택자들 중 아파트 입주 희망자들을 일정 규모 이상 사전에 모아서 LH공사 또는 정부에서 아파트 건설비용을 적정한 조건으로 빌려주면 아파트단지 프로젝트가 진행된다. 이 과정에서 생기는 초과 수익의 일부는 일종의 소비자인 입주민들에게 포인트 제공방식으로 배분하므로써 세수증대와 유효수요가 창출되는 선순환 경제가 실현된다.

이 모델은 최근 문제가 된 성남시의 '대장동 사건'의 경우처럼 과도한 초과수익의 대부분이 민간 사업 참여자들의 개인주머니로 들어가고 로비자금 등 각종 비자금으로 오·남용되는 사건·사고를 방지할 수 있는 방안이라는 생각이 든다. 이 사건의 핵심 이슈는 초과수익의 환수 규정을 반영하지 않는 점과 수익이 적다는 이유로 임대주택 비율을 통상 최소한 15% 이상의 선이 아닌 10.9% 정도로 축소하여 민간사업 참여자에게 과도한 이익을 몰아주고, 토지 수용자 및 입주민에게는 상대적 손실을 초래한 점 등을 규명하는 것이라고 볼 수 있다.

"분배없는 성장은 착취이며, 성장없는 분배는 속임수"라는 말이 있다.

필자는 한국의 제20대 대통령은 '국민소득 5만 불의 진짜 주인된 세계중심국가 건설의 5·9정책 공약'을 제시하고 이행하기 위한 국민적 논의의 기준을 다음과 같이 제시한다.

1. 국가비전 : 『국민소득 5만 불의 진짜 주인』된 세계중심국가 건설'을 비전 또는 '한국의 꿈夢'으로 제시하고 이행 전략을 제시하여야 한다.

2. 국민소득1인당 GDP 5만 불의 중산층 이상의 경제사회 실현 (경제정책 방향 선회 및 선순환 경제구조 정착 등을 통하여 재임 5년간 실현)

3. 국민소득 5만 불 달성을 위한 전략 추진 9가지 정책(공약)안은 다음과 같다.

  1) 제4차 산업혁명(AI, 빅데이터, 메타버스, 소형 원자로 및 핵융합발전 등)과 소상공인 산업('강소 소상공인 진흥정책' 등)의 글로벌(골목상권공동경영협업체 방식의 해외 주요 도시의 한인 타운 건설) 선도로 저성장의 늪에서 빠져나와야 한다. 아울러 국가예산(일반회계+특별회계)의 30~50%(약 300~500조 원) 절감 또는 별도 재원을 마련해야 한다.

  2) 일자리·실업문제 해결을 위한 국가일자리관리공단 신설

및 '국가고용관리제' 시행(정부 소속의 각 분야별 전문가 파견 근무제)으로 대졸 미취업자 등 약 300만 명 정도를 정부에서 직접 고용하고 기본급을 지급해야 된다. 제4차 산업혁명 수행에 필요한 교육·훈련을 받으면서, 중소기업 ; 소상공인 등 고급 두뇌인력이 필요하여 요청할 경우에는 급여의 50% 이내에서 파견근무를 하므로써 실업·일자리문제 해결과 함께 제4차 산업혁명의 선두주자가 될 수 있다. 이 제도야말로 '소득주도성장 정책'의 진정한 실현방안이며, 유효수요를 확대하여 경제성장을 견인하게 될 것이다.

3) '국가보육책임제'에 의하여 신생아 1명당 3억 원 보육카드(단, 1일 5~10만원 한도내 지출 가능)을 제공하고, '24시간 전일全日보육원'을 설치하여 출생률을 획기적으로 끌어올려야 한다. 아울러 '생산노동력 총량제' 신설·운영으로 저출산 인구감소에 대한 과학적 대처능력 확보(과학적 출산장려 정책시행, 노인인력활용 극대화, 해외 동포 및 취업 인력 조달방안, AI로봇·드론 등 인력 대체의 과학적 시스템 운영 등) 방안을 제안한다.

4) 무주택 서민 주거문제 해결을 위한 국공유 택지 공여로 건설비만 부담하는 저렴한 아파트 등 주택공급으로 전 국민의 약 44% 내외의 무주택 문제를 해결할 수 있다. 아울러 스마트시티smart-city의 건설 확대로 고급 주택수요 해결방안이 필요하다.

5) '국민소득보전기금'을 신설하여 국가 운영시스템 혁신 등에 의한 일반회계 예산은 물론 특별회계 예산까지 포괄적이고 획기적인 절감 등으로 마련되는 재원만큼 소득보전 시스템

운영(알래스카의 영구기금에 의한 기본소득 지급 방식의 벤치마킹)을 한다면 가장 안전한 제도가 될 것이다.

6) '골목상권공동경영협업체' 운동(제2의 새마을운동) 추진으로 소상공인·자영업 문제의 해결과 글로벌 진출로 새로운 한류韓流 창출이 가능하게 될 것이다.

7) '국가사회(시스템)혁신국민토론광장' 운영으로 국가 사회시스템의 전면적 분석 및 재설계 추진이 필요한 시점이라고 본다.

8) '세계연방제통일방안'으로 북핵문제 해결과 한민족 통일 추진되면서, 동시에 외교의 주도권 확보가 필요하다.

9) 국민참여국정시스템 및 국정안내 다산콜센터 운영으로 각급 지자체 등 행정 수요자들의 자발적 국정참여 촉진과 국정운영에 대한 궁금사항 해소를 통하여 국민이 진짜 주인된 정부가 탄생될 수 있다.

위의 내용은 국가사회의 혁신 시스템의 방향과 기준을 제시한 것에 불과하며, 모든 국민이 자유롭게 아이디어를 제시하고 동참할 수 있는 '국가사회(시스템)혁신국민토론광장'이라는 민·관 조직 또는 우선 민간 중심으로 출범시키는 일이 중요하며 급선무이다.

이 기구를 통해서 국가사회 전체의 맥락에서 정부 조직기구별 일반회계예산과 함께 공기업 등 특별회계예산의 각 분야별로 전문가들이 문제점과 미비점을 밝혀내고 재설계 과정을 거친 후,

국민적 아이디어의 제시와 참여·합의를 얻어가는 제도적 장치로 발전되어야 한다. 따라서 미래의 한국 대통령이 될 사람들은 이 장치를 통하여 사전에 준비할 수 있으며, 이 장치들을 통해서 검증받으며 연마되어 가게 될 것이다.

2. 소상공인·자영업, 어떻게 살릴 것인가?

사선에 선 자영업자 58% "석달 내 폐업"

– 전국 60개 업종 800명 추적조사 51%

"버티기 위해 빚을 더 내야"

이 타이틀은 조선일보('21.10.18.월) 표지 기사이다. 동 기사의 주요 내용은 다음과 같다.

"아이들 학원 끊는 부모들이 늘어나요. 그래도 가게 임차료, 직원 월급은 있어야 하고… 재난지원금이라도 더 줬으면 싶네요."

부산에서 16년째 학원을 하는 마흔일곱 살의 한 학원장은 "버티고는 있지만 너무 힘들다."면서 이렇게 말했다.

조선일보와 하나금융경영연구소가 여론조사 회사 엠브레인에 의뢰해 서울·경기와 부산·대구·대전·광주 등 4개 광역시의 음식점, 숙박업, 학원업 등 60개 업종 자영업자 800명을 패널(지속적인 조사 대상)로 선정해 실시한 '자영업자 길거리 경기조사'에서 확인된 골목경기는 예상보다 더 차갑게 식어 있었다.

응답자 10명 중 6명은 현행 사회적 거리두기가 중단되지 않을 경우 가게 문을 계속 열 수 있을지 자신이 없다고 했다. 현 상태로는 3개월 이내에 폐업해야 하는 상황이라는 응답이 58%에 달했다. 사회적 거리두기가 강화되면서 어려움이 가중됐다고 했다. 음식점은 62%, 미용실 등 개인서비스업은 65%가 "3개월 더 버티기가 어렵다."고 했다. 72%가 "최근 3개월간 가게 주변 경기가 더 나빠졌다."고 답했고, 66%는 "3개월 뒤 경기는 더 나빠질 것 같다."고 걱정했다. 단계적 일상 회복을 뜻하는 '위드^{with} 코로나'가 '21.11월 초부터 시작되었지만, 물가상승 등으로 지갑을 닫는 사람들이 늘어날까 걱정이 컸다.

매출이 급격하게 줄었지만, 임차료나 인건비 부담은 여전해 빚으로 버티고 있다고 했다. 절반 이상(51%)이 빚을 더 내야 가게를 꾸려갈 수 있는 상황이라고 답했다.

서울에서 2000년부터 도매업을 하는 59세 남성은 "폐업을 하려 해도 대출금을 갚아야 하니 이러지도 저러지도 못하고 있다."고 했다. 4명 중 1명은 인건비 부담으로 최근 3개월간 직원을 내보낸 적이 있다고 했다. 경기도에서 2017년부터 카페를 하는 39세 여성은 "최저임금, 주휴수당 부담이 큰데 내년에 또 올라간다니 막막하다."고 했다.

2022년 최저임금은 시간당 9,160원으로 올해보다 5% 오른다. "배달 등 부업을 뛰는데도 손실은 계속 늘어"가고 있으며, "재난지원금 받은적 있다.(64%)"이지만, "기준 불합리하고, 사각지대 많다."고 답변했다.

코로나19 대응 전국 자영업자 비상대책위원회에 따르면, 코로나 이후 최소 22명의 자영업자가 죽음으로 내몰렸다.

'21.11월 초부터 시행된 '위드^{with} 코로나'는 방역 단계를 낮춘다는 말과 같다. 단기적으로나마 확진자가 늘어날 수 밖에 없다. 만약 확진자가 5,000명, 1만 명으로 늘어나면 어떻게 할 계획인가?

국내의 소상공인 · 자영업체의 방역문제 해결방안을 제시하면 다음과 같다.

첫째, 방역당국을 포함한 전문가들이 함께 '점포별 자율방역시스템' 모델을 만들고 보급 · 확산해야 한다.

일부 지자체는 소상공인 · 자영업 점포에 확진자가 방문할 경우에는 사후적으로 소독제를 살포하고 방역 조치들을 취한 후에 '안심 점포' 마크를 부여하고 일정시간 경과 후에 고객 출입을 허용하고 있다. 이런 '사후약방문死後藥方文'보다는 사전에 방역에 필요한 코로나 살균기를 비롯한 체온 측정기, 방문자 체크 등 예방조치에 필요한 기자재와 체크리스트 등 방역시스템을 구축할 수 있는 모델을 방역당국과 전문가 그룹이 제시하여야 한다. 그리고 일정기간별로 기자재 성능과 예방효과를 전문적이고 시스템적으로 체크하여 이행상태 또는 등급수준을 표시토록 해야 한다.

최근에 국내에서 세계 1위의 우수한 코로나 살균기(FDA 승인제품), 자동 체온체크기, 방문자 기록시스템(QR코드, 응답 전화 등) 등이 개발되어 판매되고 있다. 아울러 국제품질경영시스템$^{ISO\ 9000}$ 인증제도가 운영되고 있으므로 이를 모델로 한 방역시스템을 정기적으로 또는 수시로 체크하면 된다. 여기에 필요한 전문인력 양성도 (사)한국경영기술지도사회에 등록된 약 1만 7,000명의 전문가 또는 국제품질경영시스템$^{ISO\ 9000}$ 인증 심사원 등 관련 전문가 그룹을 활용한다면 어려움이 없을 것이다. 소상공인 · 자영업자들이 스스로 점포 사이즈 · 규격에 맞게 도입하여 자율적인 운영을 원칙으로 하며, 정부 · 지자체는 방역시스템 모델의 도입을 촉진하기 위하여 방역시스템의 설치 · 운영에 필요한 비용을 지원하고 적절한 인센티브를 제공하면 더욱 효과가 크고 신속하게 확산 · 보급될 수 있다. 이 방역시스템의 적용은 소상공인 · 자영업체뿐만 아니라 모든 가정, 학교, 종교시설, 회사, 사무실 등 전국적으로 확산 · 보급시켜 나가므로써 국가사회 전체의 방역시스템을 완성할 수 있게 된다.

아울러 'K-방역시스템' 모델은 관련 기자재와 함께 세계의 모든 나라로 수출되므로써, 새로운 성장동력 창출의 기회로 활용할 수 있게 될 것이다.

둘째, 소상공인 · 자영업체 상담센터를 운영하라.

모든 소상공인 · 자영업체에서 자신들의 애로사항과 문제점 · 건의사항 등을 수시로 제출하고 정부의 지원정책을 안내받을 수 있는 온-오프$^{on-off}$ 라인 시스템을 갖춰야 한다. 마치 서울시의 다산콜센터처럼 모르고 궁금할 경우에는 언제든지 상담을 받을 수 있게 된다면 답답하고 억울한 마음이 많이 해소될 것이다. 물론 재정 등 여건상 미비점이 많을 수 있으며 곤혹스러운 점도 발생할 것이다. 그러나 여건상 추후 재정상황 등에 따른 제도개선에 반영하겠다는 답변을 해 주면 된다. 그리고 그 자료를 바탕으로 가능한 해결책을 찾을 때 현장의 문제해결이 될 것이다.

셋째, 임대료 폭등으로 상권 개척자들이 쫓겨나는 문제를 해결해야 한다.

상권활성화에 따른 임대료 폭등으로 초기 상권 개척자들이 쫓겨나는 이른바 젠트리피케이션gentrification 문제의 해결책이 필요하다. 한 때 상권활성화 지역으로 유명했던 홍대입구 상권지역은 약 30% 내외의 공실과 대자본으로 운영되는 회사의 지사·대리점 등으로 점포가 바뀌는 상황과 맞물려 썰렁한 분위기 상태이다.

현재 입주 가능한 점포가 약 30% 이상 빈 공실 상태이다. 코로나19 영향도 있지만 약 10년 사이에 임차료가 2배 정도 올랐기 때문에 상권활성화에 기여했던 초기의 소상공인·자영업체는 임차료 부담을 감당하지 못하고 쫓겨났으며, 현재 상권에 입주한 주요 업종은 대규모 자본에 의해 운영되는 지사·대리점 등으로 공실과 맞물려 상권은 침체된 분위기를 나타내고 있다.

홍대입구역 9번 출구에서 약 700M 정도 거리에 위치한 M고기 부페식당은 2009년 10월에 약 30평 정도 되는 점포를 보증금 2억 원에 월 임차료 900만 원으로 약정하고 개업하였다. 당시 50대 초반이었던 부부는 신선한 고기를 확보하기 위하여 지방 산지의 도축장에서 직송하는 방식으로 식재료를 조달하였기 때문에 신선한 고기를 비교적 저렴하게 제공하였으므로 장사가 제법 잘 되었다. 그런데 임대차 기간 2년이 되자 임대인은 월 임차료를 일방적으로 가파르게 올리기 시작했다. 마침내 2019년 10월에 개정된 임대차 계약서에는 임차료를 1,900만 원까지 인상했다. 월 평균 매출액이 3천만 원 이상되어야 겨우 임대료 부담이 가능하지만 실제 매출은 그 정도에 훨씬 못 미치는 상황이 계속됐다. 그후 코로나19가 확산되면서 매출은 더욱 격감하여 약 10개월 정도 임차료를 낼 수 없었다. 약 6개월 전부터 점포를 양도하려고 주변의 공인중개사 대여섯 곳에 의뢰하였지만 양수인을 구하지 못하여 결국 건물주에게 통사정하여 만기 1년 3개월 정도를 남겨놓고 점포를 임대인에게 양도하기로 했다. 계약서 내용에 따라서 식당 구조물을 모두 철거하고 원상으로 회복하여 반환하고 밀린 임차료를 보증금에서 차감한 후 겨우 폐업신고를 했다. 그 점포는 여전히 공실 상태로 방치되어 있다.

위와 같은 사례는 다른 상권에도 마찬가지이다. 임차료 폭등으로 공실상태가 지속되면 건물주 임대인도 결국 손해를 보게 되며, 지역 전체가 쇠락해지므로 주민 전체의 피해로 돌아가게 된다. 따라서 이러한 문제를 해결하기 위해서는 지역 공동체 차원에서 상권의 대내외 상황을 감안하여 적정한 임차료율을 정해야 한다. 골목상권 또는 전통시장 등에서는 이러한 임차율 가이드 라인 제정과 함께 공동체 차원에서 조율 · 조정하고 통합적 · 창조적 경영을 이끌어 나갈 수 있는 제도적 장치가 필요하다고 생각한다.

물론, '착한 임대인 세액공제' 제도의 확대 · 정비 또는 주택자금대출 수준에서 상가 · 점포의 매입자금지원 제도를 확충한다면 금상첨화일 것이다. 그러나 본질적인 문제해결 방안이 필요하다.

필자는 협동조합을 중심으로 지역 공동체 구성원들이 참여하는 (가칭)'골목상권공동경영협업체' 제도의 창설을 제시한다. 이 제도에 관한 상세한 내용은 제2부에서 별도로 상세히 설명하려고 한다.

넷째, 과밀상태의 소상공인·자영업체의 개체수를 적정하게 유지하는 해결방안을 제시하면 다음과 같다.

국내의 소상공인·자영업체가 전체 취업자 중 차지하는 비율이 전체 취업자(2,768만 3,000명)의 23.7% 정도(657만 3,000명)로 코로나19 이전보다 약 1.3% 감소했으며, 인건비 부담에 있던 종업원을 내보내거나, 홀로 가게를 꾸려 나가는 나홀로 사장님이 전체 자영업자의 64.6%인 424만 4,000명 수준으로 역대 최고치(조선일보, '21.11.05. A8면)에 이르므로 합리적인 조정 방안이 필요한 실정이다.

조선일보('21.10.29. 금) 사설에는 다음과 같은 내용이 실렸다.

여당인 더불어민주당의 제20대 대통령 이재명 후보는 소상공인·자영업자 간담회에서 "(대통령이 되면)음식점 허가 총량제를 운영해 볼까 하는 생각이 있다."고 말했다. 전체 음식점 숫자 상한선을 둔 뒤 폐업한 곳만큼만 개업하도록 정부가 관리하겠다는 뜻이다. 이 후보는 "(음식점들이)200~300만 원을 받고(권리금) 팔 수 있게"라고도 했다. 개인택시 면허증처럼 음식점도 면허증을 사고팔도록 하겠다는 뜻이다. 현재 영업 중인 음식점 업주들에게는 환심을 살 수도 있지만, 택시 면허증처럼 고가의 프리미엄이 붙는 등 또 다른 부작용을 낳을 수도 있을 것이다.

"세상에 음식점까지 통제하는 나라가 어디 있느냐"는 비판이 나오자 이 후보측은 "이전에 그런 고민을 했는데 이런 제도는 도입하기 불가능하다는 것이 후보의 생각"이라고 발을 뺐다. 그러나 이 후보는 다음 날에도 "국가정책으로 도입해서 시행하겠다는 의미는 아니었다."면서도 "고민해 볼 필요는 있다."고 또다시 총량제를 언급했다. 실제로 총량제는 위헌 가능성이 커 실현가능성이 희박하다. 그래도 이 후보가 계속 운을 띄우는 것은 수백만 음식점 주인 표를 겨냥한 선거용이라고 봐야 한다는 견해가 있다.

음식점들이 우후죽순 늘어나면서 요식 업계가 과당 경쟁에 시달리고 있는 것이 사실이다. 이를 더욱 부추긴 것이 정부의 정책 실패다. 잘못된 경제 운영으로 일자리가 줄어든 바람에 실직자와 청년들이 식당을 여는 경우가 많아졌다. 경제적 약자가 그나마 생계를 위해 쉽게 할 수 있는 것이 음식점 등 자영업인데 이를 어떻게 막겠나. 이 문제는 음식점 허가제가 아니라 잘못된 정책을 고쳐 좋은 일자리를 늘리고, 과감한 해외진출과 스마트 팩토리·스마트 팜 분야로 전향하도록 노력해야 한다.

백종원 음식점 멘토/대표는 2018년 8월 국감에 나와 "외국 같은 경우에는 새로운 자리에 매장을 열려면 최소한 1년, 2년이 걸립니다. 왜냐하면 '인스펙션Inspection(점검, 안전검사)'이 잘 안 나오기 때문'이라고 했다. 백 대표의 발언 취지는 '허가 총량제'를 하자는 것이 아니라, 철저히 준비를 할 수 있도록 안전기준 등을 강화해야 한다는 뜻으로 해석된다. 사실 프랑스에서는 동종 협동조합 단체 등에서 관련 교육과 사전 상권분석 등 자문·컨설팅 과정을 거쳐서 일정 수준의 매출달성이 가능하다고 판단되었을 때 동의서를 발급하여 영업 허가를 받는 것으로 알려져 있다. 통상 2년 내외가 소요되는 준비과정과 전문가의 검증과정을 거치는 셈이다.

따라서 (가칭)'골목상권 공동경영협업체'를 만들고 자율적인 통제 절차를 만든다면 내실있는 제도로 발전될 수도 있다. 아울러 지역 주민들이 일상생활에 필수적인 소상공인·자영업체를 자율적으로 선정하고 집중적으로 이용하며, 정부·지자체의 관리와 지원을 받는 (가칭)'주민생활필수점포지정제'를 운영하는 방안도 검토해 볼만하다고 본다.

그러나 무엇보다도 국내의 소상공인·자영업체가 해외에 쉽고 안전하게 진출할 수 있는 제도적 장치를 마련할 필요가 있다.

이스라엘의 키브츠에서는 국내외 신규 점포를 개업할 경우에는 일정 수준의 매출이 달성될 때까지 기본생계비를 지원하는 제도를 운영한다고 한다. 일종의 사회안전망 제도를 민간 스스로 만들어 시행하는 것이다. 이와 같이 (가칭)'골목상권 공동경영협업체'를 통해서 해외에 진출하는 소상공인·자영업체의 기본생계를 보장하면서 범 국가적인 종합지원시스템을 구상해 볼 필요가 있다.

각국에 진출해 있는 대사관 등 국가기관은 물론이고 KOTRA, 무역협회, 해외동포재단, 한민족글로벌네트워크 등을 통해서 사전에 해당 진출 예상 지역에 대한 법적·종교적·사회적 제약 요인, 그리고 아이템별 상권 적합도 분석 등등 기초자료를 지원하고 원자재 등 물류 공급방안, 외교적·행정적 지원 등을 종합적으로 지원한다면 국내의 소상공인 · 자영업체는 신속하고 안정적으로 해외로 진출할 수 있게 된다.

호떡 · 떡볶이 등 한국의 토종 음식과 각종 특산물 · BTS 등 연예인 관련 쥬얼리 등을 취급하는 '코리아타운공동경영협업체'가 전 세계적으로 확산될 경우에는 새로운 성장동력이 될 수도 있을 것이다. 차이나타운과는 차별화되고 상대방 국가사회의 발전에도 긍정적인 영향을 미치게 하는 것이다. 마치 새마을운동 모델처럼 도움을 주게 되므로 환영받게 될 것이다.

다섯째, '골목상권 공동경영협업체'의 제도적 장치를 마련하라.

코로나19 팬데믹을 계기로 비대면 비즈니스 방식이 급속히 진전되어가고 있다. 구매력을 가진 소비자 고객에게 접근하기 위해서는 인터넷, 핸드폰 등을 통한 온라인 마케팅이 필수적으로 되어가고 있다. 총알 배송 같은 신속한 배송시스템도 점점 중요해지고 있다. 요컨대 대기업 유통회사와의 경쟁에서 소상공인 · 자영업이 경쟁력을 갖기 위해서는 자금력과 함께 유능한 경영 전문인력이 필요하게 된다. 소상공인 · 자영업도 (가칭)'골목상권 공동경영협업체' 등을 통하여 뭉치면 자금력과 전문인력을 확보할 수 있으므로, 제2부에서 상세히 설명하려고 한다.

여섯째, (가칭)소상공인전통시장진흥청을 설립하라.

소상공인 · 자영업자가 약 657만 3,000명 정도이며, '21.1/4분기 기준 자영업자 246만 명이 총 832조 원의 빚을 지고 있다. 여기에 필요한 종합적이고 체계적인 정책개발과 제도운영, 행정지원 등을 전담할 수 있는 중앙행정청이 필요하다. 현재는 소상공인전통시장진흥공단이 운영되고 있으므로 반대 논리도 있을 수 있다.

그러나 한국사회의 난제로 꼽히는 소상공인·자영업 문제해결을 위해서는, (가칭)'골목상권 공동경영협업체' 제도를 신설하여 운영하고 글로벌로 진출하는 범국가적인 제도를 중앙행정청이 전담하여 집중적으로 추진하고 체계적인 관리시스템을 운영할 필요가 있다. 매년 소상공인·자영업자 중 약 90만 명 정도가 폐업하고 약 40만 명 정도의 숫자가 신규 창업하고 있다. 이 과정에서 폐업자는 점포의 양수자를 찾지 못하고 기존의 점포에서 사용한 각종 시설과 집기, 기구 등을 철거하고 원상복구한 후 보증금을 받아가는 실정이다. 물론 중소벤처기업부의 산하 소상공인시장진흥공단과 지자체에서 비용의 일부를 지원하고 전직장려 수당 등을 지원하여 큰 도움이 되고 있다. 하지만 전국적 차원에서 신규 창업자들이 기존 점포의 시설, 집기, 기구 등 중고품을 저렴하게 살 수 있는 '중고품 실시간거래중계시스템'과 '점포의 양도양수 지원시스템'을 운영한다면 철거 및 원상복구에 따른 비용절감과 폐기물 감소, 그리고 창·폐업비용의 절감 등 사회적 가치가 창출될 수 있다.

아울러 최근에 주목받고 있는 지역별 '강소 소상공인'을 체계적으로 키우고 뒷받침하는 업무도 절실히 요청되고 있기 때문이다.

과거 제품경쟁력의 요체이며 한 때 일본 산업 경쟁력이 미국을 추월하게 만들었던 총체적 품질경영시스템^{TQM}을 국내의 모든 공장 등 산업계에 전파·보급하는 주역을 담당했던 공업진흥청과 같은 중앙행정청이 필요하다고 본다.

3. 국가고용관리제·국가보육책임제의 제안

　제4차 산업이 가파르게 진행되면서 일자리는 상대적으로 줄어들고 있다. 더욱이 한국경제가 저성장의 늪에서 빠져나오지 못하는 상황이 지속되고 있으므로 일자리 감소와 실업자는 급속히 늘어가고 있다. 사실은 일자리가 없다기보다는 원하는 일자리가 없다는 표현이 맞을 듯 싶다. 중소기업은 열 곳 중 일곱 군데가 일할 사람이 없어 발을 구르고 있기 때문이다.

　국가혁명당 허경영 명예대표는 중소기업의 구인난을 해소하고 청년들의 중소기업 취업을 촉진하기 위한 방안을 다음과 같이 제시하고 있다. 즉 중소기업에 취업하는 청년들에게 국가에서 몇 년 동안 매월 100만 원 정도를 직접 지원하고, 거기서 2~3년을 더 근무한 사람들이 이후 자신의 사업을 꿈꾸는 경우 무담보, 무이자로 3억 원 정도를 창업지원금으로 지원하는 방안이다.

　물론, 바람직하고 일리가 있는 제안이다. 그러나 공장자동화 등으로 일자리 자체는 줄어들지만, 최첨단 디지털 활용, AI, 빅데이터 활용능력, SNS 마케팅과 유튜브 마케팅 능력, 메타버스 활용 능력 등 고급 두뇌와 지식이 필요한 경우에는 일정기간 동안 해당 분야의 전문가를 파견하여 업체의 골치아픈 문제와 고민을 해결토록 지원하는 제도를 검토해 볼 필요가 있다. 취업 희망자들을 정부 소속으로 모집하고 교육 · 훈련과정에서 수요에 따라 파견 근무를 하는 제도가 필요하다. 물론 기본급은 정부에서 지급하며, 임금 수준은 대기업 · 중견기업의 평균 수준으로 정하여 해당 수요 회사와 정부가 일정비율로 분담하고 성과가 특별한 경우에는 별도로 성과급을 지급하는 방식이다. 이 제도는 청년이외의 문제해결 능력과 노하우know-how를 보유한 장년 · 노년의 일자리 문제해결에도 도움이 될 수 있다. 중소기업 뿐만 아니라 중소상공인 · 자영업체까지도 각종 문제해결에 직면한 경우에는 활용할 수 있도록 하므로써, 사회 전체적으로 고부가가치 창출이 가능하게 되기 때문이다.

따라서 (가칭)'국가일자리관리공단'을 만들고 취업 희망자들을 모집 · 채용하여 기본급을 지급하면서 평소에는 교육 · 훈련으로 문제해결 능력을 연마하고 준비하면서, 중소기업 또는 중소상공인 · 자영업체가 요청할 경우에는 일종의 정부 소속의 전문가 신분과 자격으로 기업에 파견근무를 통하여 문제해결에 기여하는 것이다. 만일 제조 · 생산제품을 국내외로 판매를 희망하는 업체에는 마케팅과 현장 세일즈에 관심과 능력을 보유한 전문가를 파견하여 일정 수준의 급여와 성과급제를 병행하여 실시하므로써 효과는 더욱 커질 수 있다. 요컨대 정부에 소속된 각 분야별 전문가를 양성하여 국내외 기업에서 요구하는 각종 전문적 인력 수요에 대처토록 하여 국가사회 전체차원에서 고부가가치와 일자리를 창출하므로써 선순환 근무제도가 될 수 있다. 해외에서도 한국의 전문 인력의 파견을 요청할 경우에는 기꺼이 응할 수 있도록 하므로써 글로벌 차원에서 일자리를 창출할 수 있게 된다. 이 제도는 일종의 '국가고용관리제'로 정부가 고용문제 해결의 책임 주체라는 사실을 선언하고 이행하는 제도이며, 고용수요와 공급의 불일치를 해소하는 정부 역할이라고 볼 수 있다.

이 방법은 이른바 '소득주도성장' 정책을 성공적으로 추진할 수 있는 제도적 장치라고 할 수 있다.

물론 이외에도 여러 가지 일자리창출과 실업문제 해결에 관한 아이디어가 있을 수 있다. 따라서 (가칭)'국가일자리관리공단'이 운영된다면, 다양한 국내외 일자리 창출과 해외 인력진출방안 등이 탄력을 받으며 한국인의 위상은 높아지게 될 것이다.

최근 겨울 문턱에서 4살된 딸을 길거리에 버린 생모가 체포되었다. 범행 이유는 '양육이 너무 힘들어서…'였다고 한다. 직장여성 등이 급속히 늘어가는 추세이며 전업주부라고 할지라도 육아가 어렵고 힘들기 때문에 출산을 기피하는 경향이 많은 실정이다. 따라서 과학적이고 체계적으로 육아를 전담하는 보육원을 곳곳에 신설하여 정부지원으로 운영하는 방안이 모색되어야 한다. 물론 아이가 보고 싶거나 필요한 경우에는 언제든지 보육원을 방문하거나 집으로 데려와서 아이와 함께 지내다가 필요한 경우에 다시 맡길 수 있는 제도가 되어야 한다.

'국가보육책임제도'를 확립하여 '24시간 전일㊀보육원'을 개설하고, 신생아 1명당 3억 원 보육카드(단, 1일 5만~10만 원 지출 한도)를 제공하는 등 획기적인 출생률 회복의 방법을 모색해야 된다. 아울러 노인 인력의 생산적 활용·AI 로봇 등 노동력 절감 등 '국가생산노동력총량제' 실시가 바람직스러운 것이다.

4. 산지山地 간척(?)과 녹지 총량제

　문재인 정부의 최대 실정으로 꼽히는 부동산 문제가 심각한 수준이므로 제20대 대통령 후보들은 기본주택제, 아파트 원가공급, 공공부지 임대에 주택 건설가격만 부담하는 반의 반값 아파트 공급 등 각종 아이디어와 공약이 넘쳐나고 있다.

　2020~2021년도에는 코로나 충격에 더하여 서민들을 분노하게 만든 집값 폭등이 있었다. 14년 만에 가장 높은 상승률을 기록했고, 서울의 아파트 가격은 가장 높은 상승률을 기록했다. 수없이 많은 부동산 정책을 쏟아내 전국 시 · 군 · 구의 절반을 '규제지역'으로 묶어 놓고도 집값 상승세를 전국 방방곡곡으로 확대시켰다. 여기에다 반反시장적 임대차 3법을 강행하면서 전세값까지 들쑤셔 놓았다. 정부 말만 믿고 기다리던 무주택자 서민들은 집값 급등의 최대 피해자가 되었고, 온 국민을 부동산 우울증에 걸리게 했던 해이었다.

　故 정주영 회장은 1984년 2월 25일에 서산 간척지 최종 물막이 공사에 노후 선박을 침몰시켜 활용하는 '정주영 공법'으로 3천

3백만 평의 갯벌에 1천4백만 평의 담수호를 합쳐서 총 4천7백만 평을 새로이 우리 국토 면적으로 추가시켰다. 또한, 1975년 인구의 57%에 달하는 2,000만 명이 도시에 몰려 살면서 주택 부족율은 40~50%에 달했다. 공업화에 따른 토지 수요는 급속하게 증대되는 반면, 인구의 도시집중은 토지 공급의 한계로 평면적 해결 방법이 아닌 새로운 주거형태의 주택난 해결을 요구했다. 아파트의 등장이 바로 새로운 주택 형태의 주택난 해결방안이었다.

따라서 서울의 아파트값을 잡기 위해서는 기존의 평면적인 해결책이 아닌 입체적 사고와 간척지 개발과 같은 획기적인 발상의 전환이 필요하다고 본다.

아파트 부지의 공급 확대를 위해서는 '하늘 공간空間과 지하地下 공간의 활용'이 필요하게 된다. 즉, 주택의 층고와 용적율을 뉴욕(용적율 3,400%)과 도쿄(용적율 3,000%) 등과 같은 초고층 건물의 건축을 과감하게 허용하고, 도심의 철도와 도로를 지하화 또는 복개화하여 그 부지를 활용하면 된다.

지진 위험과 피해가 많은 일본 도쿄에서도 초고층화를 진행하고 있는데, 우리는 왜 안되는가?

도시의 확산을 억제하고 주거, 직장, 상업 등 일상적인 도시기능들을 가급적 기성 시가지 내부로 가져와 상대적으로 높은 주거 밀도와 토지의 혼합 이용을 유도하는 컴팩트 시티Compact City 또는 '스마트 시티smart city' 플랜이 가속화되어야 한다.

한국 스마트시티 조성 사업이 속도를 내기 시작했다. 5년 후 세계 스마트시티 시장 규모가 2,000조 원을 넘을 것으로 예상되는 가운데 우리나라에서도 세종시와 부산시에 시범도시 건설이 착수

되었으며, 시장 선점 경쟁에 본격적으로 뛰어들었다는 평가가 나오고 있다.

무엇보다도 국토의 70%를 점하고 있는 산지山地를 과감하게 활용할 필요가 있다. 전문가들과 민간 건설업체들이 동원되어 산야山野와 그 지하 공간을 대규모로 조성하여 토지 특성에 맞는 위험물과 혐오시설 등을 집중적으로 재배치하고 주택부지를 대대적으로 확보해 나가는 '산지 간척사업(?)'을 검토할 필요가 있다. 줄어든 녹지는 평지 아파트 등 주택단지 및 옥상 · 나무울타리 담장 · 공공기관 · 도로 등 주변에 녹지 조성, 공원 조성 등을 통하여 얼마든지 확충해 나갈 수 있기 때문에 일종의 '녹지綠地 총량제'를 시행하면 된다.

원래 평지는 농작물을 재배하여 식량 증산에 활용하고, 주거지는 산지에 위치하는 게 바람직스러운 토지이용법이다. 아무튼 정부와 한국토지주택공사LH, 그리고 지자체와 민간 건설회사가 상호 협력하는 토지 공급의 확대방안이 마련된다면, 아파트 가격은 건축비 위주로 대폭 하향 조정될 것이다. 따라서 무주택 서민들이 부담할 수 있을 정도의 저렴한 주거비용으로 주거문제를 해결할 수 있게 된다. 아울러 컴팩트 시티 및 스마트시티 건설을 대대적으로 추진하여 최첨단 고급주택 수요를 흡수하는 방안이 병행되어야 한다.

앞으로 인류는 코로나 바이러스와 함께 살 수 밖에 없으며, 미세먼지 등 환경오염과 또 다른 바이러스로부터 국민건강을 보호하기 위해서는 자율 방역시스템이 갖춰진 스마트시티 등 건설로 대응해 나가야 한다는 뜻이다.

예를 들어보면 다음과 같다.

스마트 시티 공동경영협업체 소속의 주민이 손목에 찬 스마트 시계로 자신의 신체 상황과 증상을 근처 병원에 전송한다. 의사와 간단한 원격진료를 마친 주민은 드론 택배 또는 모터 이동벨트 등을 통해 약품을 전달받아 복용한다. 그의 하루하루 건강 정보와 의료 기록도 모두 저장돼 비식별 상태로 데이터센터에 저장된다. 이 데이터는 글로벌 메디컬기업에서 신약 개발과 임상시험 기간을 줄이기 위한 '생생한' 의료 정보로 활용된다. 각종 생필품 구매에 따른 정보와 데이터도 각종 빅데이터 자료로 가공하여 제공하면, 포인트 적립은 물론 각종 수익배분도 가능하게 되므로 선순환 경제 패턴이 마련되는 것이다.

따라서 누구나 기초적인 의식주衣食住로부터 해방된 주민들은 각자별로 본인이 하고 싶은 일들을 마치 게임하듯 즐기는 생활이 가능하게 된다. 따라서 자연스럽게 출산이 늘어나게 되고, 해외에서 유입되는 인구가 늘어나게 되므로 '인구절벽'의 두려움으로부터 벗어나게 될 것이다.

5. 탄소중립·ESG정부운영시스템의 제안

펄펄 끓는 북미, 물에 잠긴 유럽과 중국, 타들어가는 남미⋯. 2021년 들어 전 세계를 강타한 이상기후가 '뉴 노멀new normal(새로운 표준)'이 되고 있다는 경고가 나왔다.

세계기상기구WMO는 2021년 10월 31일(현지 시각) '2021 기후 상태 보고서'를 발표하고 "올해 전 지구 평균온도는 산업화 이전보다 약 1.09도 높았다."고 밝혔다. WMO는 매년 평균기온을 분석해 통상 이듬해 보고서를 발간하지만 2021년은 영국 글래스고에서 열리는 제26차 유엔기후변화협약 당사국 총회COP26에 맞춰 잠정치를 빨리 발표했다.

2021년 극심한 이상기후가 지구 곳곳에서 잇따랐다. 2월 미국에서는 100년에 한 번 올 법한 북극한파가 닥쳐 남부 텍사스까지 강타했고, 여름에는 미국 북서부와 캐나다, 지중해에 재앙에 가까운 폭염이 이어졌다. 7월 서유럽과 중국에는 기록적인 폭우가 내려 물난리가 났다. 8월에는 그린란드 대륙 빙하 정점에서 사상 처음으로 눈이 아닌 비가 내렸다. 페테리 탈라스 WMO 사무총장은 "이런 극단적인 기후 현상은 이제 새로운 표준"이라며 "이상기후가 인간이 유발한 지구온난화에 기인했다는 과학적 증거가 늘어나고 있다."고 했다.

WMO는 보고서에서 "9월까지 자료로 볼 때 올해가 역대 가장 더운 해는 아니지만 지난 7년(2015~2021년)을 놓고 보면 이 기간은 역사상 기온이 가장 높은 시기였다."고 했다. 또 2002년부터 올해까지 20년간의 평균 기온이 사상 처음으로 산업화 이전 대비 1도를 넘길 것으로 예상했다.

보고서는 지구온난화로 빙하가 점점 더 빨리 녹으면서 해수면 상승 속도도 빨라지고 있다고 지적했다. 1993~2002년 연평균 2.1㎜씩 높아지던 해수면이 2003~2012년에는 2.9㎜씩, 2013~2021년에는 4.4㎜씩 높아졌다는 것이다. 해마다 해양 산성화가 심해져 대기 중 이산화탄소를 흡수하는 능력이 떨어지고 있다는 내용도 담겼다.

안토니우 구테흐스 UN 사무총장은 "바다 깊은 곳부터 산꼭대기, 녹아 사라지는 빙하까지 가혹한 기상이변 속에 지구 전역의 생태계와 공동체가 황폐화되고 있다."고 말했다.

COP26 의장국인 영국의 보리스 존슨 총리는 정상회담 개막사에서 "세계는 기후 위기로 인한 종말의 시계가 자정을 알리기 1분 전"이라며 "지금 행동하지 않으면 늦는다."고 말했다. 버락 오바마 전 미국 대통령은 제26차 유엔기후변화협약 당사국 총회 COP26가 열린 영국 글래스고를 방문해 깜짝 연설에 나섰다.

오바마 대통령은 "세계에서 가장 많은 탄소를 배출하는 국가인

한국 대통령의 길道

중국과 러시아 정상이 이런 행사에 참석조차 하지 않는다는 것은 특히 실망스럽다.”며 “누구도 옆에서 방관할 여유가 없다.”고 했다. 또 “일상의 정치와 통상의 지정학을 초월해야 할 것이 하나 있다면 바로 기후변화”라며 “지구를 구하는 것은 당파적 문제가 아니다.”라고 말했다. 기후변화 대응에 소극적인 미국 공화당을 겨냥한 말이기도 했다.

그는 “젊은이들에게 직접 말하는 데 남은 시간을 쓰겠다.”며 “그럴 나이가 됐다면 투표를 하라.”고 했다. 그는 “당신 목숨이 걸린 것처럼 투표하라. 왜냐하면 (실제로)그렇기 때문이다. 많은 젊은 사람들이 정치에 냉소적인 것을 알지만, 정부들이 유권자의 압력을 느끼지 않는다면 더 야심 찬 기후 계획은 나오지 않을 것”이라고 말했다.(조선일보, '21.11.10, A25면)

문재인 대통령은 2021년 11월 1일(현지 시각) 영국 글래스고에서 열린 제26차 유엔기후변화협약 당사국총회COP26 정상회의에 참석해 “우리나라가 2030년까지 국가 온실가스 감축 목표NDC를 추가 상향해 40% 감축이라는 목표를 설정했다.”며 “동 목표를 연내에 유엔에 제출할 것”이라고 밝혔다.

문 대통령은 이날 기조연설을 통해 “COP26이 지구 평균온도 상승을 1.5℃로 억제하는 데 중요한 출발점이고, 2015년 파리협정의 목표를 실현하기 위해 한국도 노력하고 있다.”며 이같이 발표했다.

문 대통령은 “이번에 2030 NDC 상향은 유엔에 NDC를 제출한 지 1년 여 만에 14%가량 상향한 과감한 목표”라며 “매년 4% 이상을 감축해야 하는 매우 도전적인 과제”라고 강조했다.

또한 문 대통령은 미국과 유럽연합^{EU} 등이 참여하는 국제메탄서약의 가입을 통해 메탄 감축 노력에 적극 동참하겠다는 의지를 표명했다. 그러면서 "우리나라가 산림 복원 모범국으로서 산림을 통한 전 지구적 온실가스 줄이기와 더불어 개도국의 산림 복원 지원을 선도하겠다."며 "북한의 산림 회복 지원을 통해 남북 기후변화 대응 협력방안을 모색하여 한반도의 포용적인 지속 가능한 발전에 기여하겠다."고도 했다.

이 밖에 '청년기후서밋'을 정례적으로 개최할 것을 제안하기도 했다. 청와대는 "2021년은 파리협정 이행 첫 해이자 우리나라에는 탄소 중립 이행 원년으로서 각별한 의미를 지닌다."며 "문 대통령이 이번 정상회의 기조연설을 통해 밝힌 상향된 기후 행동과 제안은 더 많은 국가가 자국의 기후 행동을 강화해 국제 기후 결속을 다지는 데 기여할 것"이라고 했다.(조선일보, 2021.11.02, A14면)

한국의 제20대 대통령 당선자는 온실가스 감축 40%를 달성하기 위해서는 탈원전 정책을 버리고, '소형 모듈 원전^{SMR}'의 확대와 인공 태양으로 알려진 '핵융합로의 조기 상용화로 방향을 바꿔야 한다. 세계 제1의 기술력을 인정받은 한국의 원전기술력으로 해외에도 과감하게 진출할 수 있도록 지원하는 정책으로 전환하고, 한국형 핵융합로^{KSTAR}의 2025년 상용 운전기술 등을 앞당기는 정책 시행을 촉구한다.

유엔^{UN} 기후변화협약 당사국총회는 탄소중립뿐 아니라 기업들의 ESG(환경 · 사회 · 지배구조)경영에도 중대한 분수령이 될 전망이다. 국제회계기준위원회^{IASB}는 ESG를 반영한 국제적인 비재무적 공시 기준의 탄생을 예고하고 있다. 탄소배출 억제 등 탄소중립을 위한 기업들의 활동도 기업 평가에서 중요해지는 것이다.

국제회계기준IFRS을 제정하는 IASB는 총회 기간 중 국제지속가능성 기준위원회ISSB 설립을 공식화할 예정이다. 적게는 300개, 많게는 600개에 이르는 것으로 알려진 각기 다른 ESG 평가 기준 탓에 전 세계 투자자들이 어려움을 겪자, 과거 회계 분야에서 IFRS라는 기준을 내놓은 것처럼 ESG 분야에서도 기구를 세우고 국제적으로 통일된 기준을 만들겠다는 것이다. 해당 평가 기준은 국내외 기업들의 투자 유치 등 경영 활동에 결정적인 영향을 미치게 될 것으로 보인다. ESG가 단지 '좋은 일', '바람직한 일'이 아닌 기업의 생사를 가르는 핵심 경영 활동이 되고 있다.

ESG란 경영의 방향과 기준을 친환경·사회적 책임·투명하고 합리적인 의사결정 시스템을 가진 지배구조 개선에 집중해야 지속 가능한 발전이 가능한 지표이다. 'ESG=경영의 네비게이션navigation'이라고 할 수 있다. ESG 경영은 2006년 당시 코피 아난 유엔 사무총장이 '책임투자원칙PRI'이라는 이름 아래 기업 투자에 대한 기준을 제시하며 시작됐다.

이후 2019년 JP모건, 애플, 아마존 등 미국 주요 기업들의 모임인 '비즈니스라운드테이블BRT'이 50년 동안 이어져 온 '주주 자본주의'를 버리고, 기업의 목적에 주주와 나란히 고객, 종업원, 협력 업체, 지역사회 등 이해관계자들과 함께하는 '이해관계자 자본주의'로 방향을 바꾸면서 본격화됐다.

이어 2020년 1월 세계 최대 자산운용사인 블랙록의 래리 핑크

회장이 연례 서한에서 "앞으로 ESG를 투자 기준으로 삼겠다."고 밝히면서 관심은 더 커졌고, 친환경 정책을 지지하는 조 바이든 미국 대통령이 취임하자 거스를 수 없는 대세가 됐다. 전임 정부에서 탈퇴한 파리기후협약에 재가입했으며, 기후변화와 환경사업 부문에 약 2조 달러(약 2200조원/한국 GDP규모 능가) 투자하여 2050년 탄소중립을 달성하겠다고 선언했던 것이다.

이미 투자 업계에서 ESG경영은 주요 지표로 다뤄지고 있다. 블랙록은 물론 뱅가드, 스테이트 스트리트 등 자산운용사를 비롯해 JP모건, 골드만삭스 등 투자은행 S&P, 무디스 등 신용평가사들은 ESG를 고려해 투자하고 평가에 반영하고 있다. 글로벌 ESG 투자 규모 또한 2020년 35조 달러 수준에서 2025년에는 53조 달러에 이를 것으로 전망된다.

EU(유럽연합)가 탄소 규제가 느슨한 국가에서 수입하는 상품에 세금을 부과하는 탄소국경세를 2023년 도입하겠다고 예고한 것을 비롯해 경영 압박도 가시화되고 있다. 2020년 말 블랙록은 기후변화에 적극적이지 않은 기업 이사 55명의 재선임에 반대표를 던졌다.

국내 기업 중에도 (주)한화는 '비인도적 무기'로 불리는 집속탄 생산에 대해 유럽 연·기금들이 문제 삼고, 계열사의 유럽 태양광 시장 투자·납품이 어려움을 겪자 2020년 말 해당 사업을 매각했다. 석탄발전 비율이 높은 한국전력은 해외 자산운용사로부터 경고를 받기도 했다.

"흑인 대학과 전국에 학습 허브 100여 곳을 설립하는 등 인종 차별 해소를 위해 1억 달러(약 1,100억 원)를 투자하겠다."

2021년 1월 새해 벽두부터 팀 쿡 애플 최고경영자^{CEO}가 발표한 건 애플 카^{car}도, 신형 아이폰도 아닌 'ESG'경영 방안이었다. 기존의 기업경영에서는 재무적 성과로 나타나는 이윤 극대화를 추구하였지만, ESG경영은 비非재무적 성과를 평가하는 지표이다.

최근 전 세계 글로벌 그룹 리더들의 발표에서 빠지지 않고 등장하는 단어이기도 하다.

SK하이닉스, SK텔레콤 등 SK그룹 계열사 8곳은 2021년 초 한국 최초로 'RE100'에 가입했다. 재생 에너지 100%를 뜻하는 RE100은 2050년까지 기업이 사용하는 전력의 100%를 태양광, 풍력 등 재생에너지로 만들어진 전력으로 조달하겠다는 것이다. 최태원 SK그룹 회장은 2021년 4월 20일에도 '아시아판 다보스포럼'으로 불리는 보아오 포럼에서 "ESG는 '있으면 좋은' 선택이 아니라 최소 요구 조건이자 기업의 생존이 걸린 문제"라고 했다.

빅데이터·AI 기반 ESG 평가기관인 지속가능발전소 윤덕찬 대표는 "ESG를 잘하는 회사에 돈이 몰리는 것이 결정적"이라며 "파리기후협약에서 정한 온실가스 감축 등의 목표 기한(2030년)이 얼마남지 않은 상황에서, 유럽연합^{EU} 등 각국이 기업의 동참을 유도하기 위해 ESG를 잘하는 회사에 돈이 몰리도록 금융규제를 바꾸고 있다."고 했다.

기업의 사회적 책임을 중시하는 MZ세대(밀레니얼+Z세대, 1980년대 초~2000년대 초 출생)의 가치관도 영향을 미쳤다. MZ세대는 제품이 뛰어난 기업이라 해도, 회장이 직원에게 갑질을 하거나 사회적으로 물의를 일으키면 불매운동을 벌인다.

이런 세계적 흐름에 따라 국내 기업들도 '기업경영에 ESG를 추구하라'는 요구에 직면하고 있다.(조선일보 '21.10.29 F1. 04.24 B3면 참조)

2019년 말 무렵부터 창궐하여 수백만 명의 목숨을 앗아간 '코로나19 팬데믹'은 기후환경변화·오염 등과 무관치 않을 것으로 일부 전문가들은 언급하고 있다.

정부는 2025년부터 자산 규모 2조 원 이상의 기업은 ESG평가 결과를 공시하도록 했으며, 2030년부터는 모든 상장사가 ESG평가결과를 공시하도록 결정했으므로 사전 준비에 박차를 가해야 할 상황이지만 주의할 점도 적지 않다.

특히 중소기업 ESG경영의 확산·보급을 추진하는 과정에서 자칫 부담감을 느끼게 할 수 있다. 그러므로 기존의 총체적·전사적 품질경영^{TQM} 시스템과 연계하여 추진하는 방안도 모색되어야 한다. 실시간으로 전 임직원의 의견수렴과 아이디어, 건의사항 등이 가능한 투명·합리적인 의사결정과 협업시스템을 갖출 수있는 방안을 비롯하여 경영 효율과 투자대비 수익을 극대화할 수 있는 모델을 강구해야 한다. 실제로 'ESG경영시스템'은 '파이^{pie}'를 키우는 방향이며 기준이다.

SK그룹 최태원 회장은 "ESG경영을 통해 경제적 가치^{EV}와 사회적 가치^{SV}를 창출하고, '빅립$^{Big Reap}$(더 큰 수확)'을 거두고 이해관계자들과 나눈다는 점에서 결국 SK경영철학과 맞닿아 있다."고 하면서 '빅립$^{Big Reap}$'을 새로운 화두로 던졌다.

필자는 차제에 한국정부와 지자체의 운영 기조와 예산 편성의 방향을 ESG로 돌려야 한다고 생각한다.

사실 이른바 '대장동 사건', 그리고 그간에 서울시를 비롯한 부산·충남도지사 등에 의하여 발생한 성추행 사건 등은 사회적 책임^S 부족과 투명·합리적인 의사결정 시스템^{G}의 미비라고 볼 수 있는 것이다. 요즘은 스마트 핸드폰의 카톡방을 통해서 실시간으로 의사소통이 가능한 시대이다. 모든 직원들에게 필요한 고민상담은 물론이고 정책결정에 대한 의견수렴과 각종 건의사항·아이디어를 실시간으로 수렴하여 반영하므로써 그만큼 업무 성과 증대와 발전에 기여하게 될 것이다. 따라서 수천억 원의 비용이 수반되는 재보궐 선거 비용과 각종 리스크를 예방할 수도 있었을 것이다. 또한 각종 예산 집행을 ESG 분야별로 실시간으로 체크할 수 있는 시스템을 만든다면 보다 더 효율적이고 체계적이며 투명·합리적인 시정 운영을 할 수 있으며, 국민 또는 지자체 주민들의 신뢰도는 더욱 향상되어 갈 것이다.

따라서 (가칭)'탄소중립·ESG국정운영시스템' 도입과 실현 제도를 제20대 대통령은 결단하기를 희망한다.

6. 세계(연방)정부통일방안의 제시

　제이크 설리번 미 백악관 국가안보보좌관이 2021년 10월 26일
(현지 시각) 문재인 정부가 의욕적으로 추진 중인 종전선언에 대해
"우리(한·미)는 정확한 순서와 시기, 혹은 조건 등에서 다소 시각
차가 있을 수 있다."고 말했다. 설리번 보좌관은 이날 브리핑에서
'종전선언에 대해 얼마나 진지하게 고려하느냐'는 질문에 "핵심적
인 (대북)전략 구상에 있어선 근본적으로 의견이 일치한다."면서
도 이같이 밝혔다.

　한국정부가 종전선언을 위한 미국 설득 작업에 총력을 기울이
는 상황에서 미국의 안보 사령탑이 한·미 간에 이견이 있음을 처
음으로 공식 확인한 것이다. 종전선언을 고리로 2019년 2월 하노
이 노딜 이후 멈춰선 남북, 북·미 대화를 재가동하겠다는 문재
인 정부의 대북 정책 구상에도 차질이 불가피할 전망이다.

　현재 한국측은 종전선언이 법적 구속력 없는 정치적 선언이다
는 주장이며 이를 비핵화 협상의 입구로 활용하자는 논리로 전방
위 대미 설득 외교를 하고 있다. 설리번 보좌관도 지난 10월 12
일 미국을 찾은 서훈 청와대 국가안보실장으로부터 이 같은 설명

을 들었다. 하지만 미국은 종전선언이 정전체제를 종료하는 평화협정의 첫 페이지란 점에서 법적·정치적 구속력을 무시할 수 없다는 입장이다. 섣부른 종전선언이 주한미군과 한미연합사, 유엔사의 법적 지위에 영향을 미쳐 유사시 북의 남침에 효과적으로 대응할 수 없는 상황을 우려하는 것이다.

이 때문에 미국은 종전선언이 한·미간의 화두로 처음 떠오른 2007년부터 줄곧 '종전선언을 위해서는 북한의 검증 가능한 비핵화 조치가 선행돼야 한다.'는 입장을 견지해 왔다. 비핵화가 종전선언의 전제 조건이고, '선先비핵화, 후後종전선언'이어야 한다는 것이다.

박원곤 이화여대 교수는 "일단 북한이 협상장에 조건없이 나와야 하고, 비핵화 로드맵을 제시하면 그 과정에서 종전선언을 논의할 수 있다는 게 미국의 입장"이라고 했다. 조건없이 종전선언부터 하고 비핵화 대화를 시작하자는 한국의 입장과는 정반대다. 설리번 보좌관이 언급한 '순서·시기·조건상의 이견'은 바로 이런 상황을 가리킨다.

전직 고위 외교관은 10월 27일 "이견이 있어도 되도록 내색하지 않는게 외교 관례"라며 "설리번의 발언은 양측의 입장차가 현격할 뿐 아니라, 한국의 집요한 설득에 대한 부담과 피로감이 상당하단 얘기"라고 했다. 문 대통령의 종전선언 제안 이후 한 달여 동안 외교안보 부처의 고위 당국자들이 미국의 카운터 파트와 접촉해 종전선언을 논의한 횟수만 10차례가 넘는다.

미국 측의 공개적인 이견 표명에도 한국 정부는 계속 미국을 설득한다는 입장이다. 정부 당국자는 이날 "앞으로도 긴밀한 공조하에 종전선언에 대해 진지하고 심도 있는 협의를 진행해 나갈 것"이라고 했다.

브리핑에서 설리번 보좌관은 대북 정책과 관련, "외교는 실질적으로 억지력과 병행돼야 한다."는 말도 했다. 미측이 한반도 상황과 관련해 언급하는 '억지력^{deterrence}'은 북한의 도발·남침 의지를 꺾는 강력한 한미 연합 군사대비 태세를 뜻한다.

예비역 장성 A씨는 "북한의 반발에 한미 연합 훈련을 줄줄이 축소·폐지하고, 북한의 도발을 묵인하는 한국정부에 대한 우려·불만을 드러냈다고 봐야 한다."고 했다. 대북對北제재가 유지돼야 한다는 뜻을 강조한 것으로도 해석됐다.(조선일보, 2021.10.28. A6면 참조)

한국정부의 '북핵 전략과 남북통일 전략'은 무엇인가? 국민의 한 사람으로서 불안감이 가시지 않는다. 우리는 북한의 핵보유에 대해서 어떻게 대처하고, 남북통일을 평화적으로 이끌 수 있는가?

조선일보(2021.11.22 A4면) 보도에 의하면 더불어민주당 이재명 후보가 "남북통일을 지향하기는 이미 너무 늦었다."고 했다. 물론 핵무기를 보유하고 있는 북한과의 현실적 상황을 솔직하게 표현했을 수 있다. 그러나 북한은 대남적화통일전략과 핵무기고도화에 골몰하고 있는 상황이다. 따라서 현재의 상황에 부응하는 '대북전략과 통일방안'을 강구할 필요가 있다고 본다.

국제사회의 엄혹한 대북제재에도 북한은 결사항전 의지로 버티고 있다. 북한으로서 핵은 곧 자위력을 의미하며, 남침을 통한 공산화의 최고 무기이다. 그 반대로 한국에게는 최대 위협이 아닐 수 없다. 과연 종전선언으로 '비핵화협상'의 성공이 가능할 것인가?

한국군사과학포럼 고성윤 대표는 '종전선언으로 유엔사 해체 빌미주지 말아야' 한다는 기고문을 조선일보('21.11.25.)에 게재했다.

'문재인 대통령이 지난 9월 유엔총회 연설에서 종전선언을 제안한 뒤 정부는 집요하게 종전선언을 밀어붙이고 있다. 종전선언에 대한 한미 간 논의가 시작되자 북한은 호기를 만난 듯 연일 유엔군사령부(유엔사) 해체라는 해묵은 주장을 반복하고 있다. 김성 유엔 주재 북한 대사는 지난달 유엔총회 4위원회에서 "미국이 한국전쟁 당시 평화 유지를 구실로 유엔의 이름을 악용해 유엔사를 불법으로 설립했고, 유엔사를 유지해 한국에 대한 미군 점령을 정당화하고 있다."고 주장했다.

문제는 정부·여당의 핵심 인사들이 "남북 관계의 가장 큰 장애물은 유엔사", "족보 없는 유엔사" 등으로 노골적으로 북한을 옹호하는 것이다. 유엔사의 법적근거를 부정하는 것은 안보 자해 행위다.

유엔사는 우리나라 안보를 담보한 대북 억제력의 근간이다. 6·25전쟁 발발 직후 유엔 안보리 결의를 통해 설치된 조직으로, 군사정전위원회 및 중립국감독위원회 운영, 비무장지대DMZ 내

경계 초소 운영, 북한과의 장성급 회담 등 정전停戰체제를 유지·관리 하고 있다. 유엔사는 한미 연합군과 일본 자마·요코스카·후텐마 등 주일 미군의 핵심 시설 7곳의 유엔사 후방 기지를 이어주는 법적·제도적 기반이다. 이들 유엔사 후방 기지들은 일본 정부의 사전 양해 없이 사용할 수 있는 지원 시설로, 한반도 유사 시 유용한 군사 자산들이다.

종전선언이 이루어지면 정전협정을 휴지 조각으로 만들고, 북한은 유엔사 해체 및 주한 미군 철수 공세를 펼칠 것이다. 종전선언과 미군 철수는 김일성·김정일·김정은 3대에 걸친 북한의 제1 전략적 목표라는 것을 잊어서는 안된다.'

지금까지 북한의 행태를 분석하면 미안하지만 미국의 분석이 훨씬 현실적이며 적절한 대응전략이라고 볼 수 있다. 따라서 유럽과 미국의 핵공유 협정과 같은 '한·미핵공유 협정'체결 등으로 강력한 핵무기 억지력을 확보하는 전략을 구사할 필요가 있다.

그러나 자주 독립국가인 대한민국이 그저 미국의 대북 전략에 순응만 하고 있을 수는 없다. 북한의 핵 위협을 무력화하고 평화 통일을 선도하며, 대미對美외교는 물론 중국·일본·러시아 등 국제 외교무대에서 주도권을 쥘 수 있는 전략이 필요하다.

'위기는 곧 기회'이다.

북한의 교묘한 속임수가 들어있는 '고려연방제통일방안'을 뛰어넘는 '세계(연방)정부통일방안'이 바로 그 전략의 핵심이라고 할 수 있다.

현재 지구상에 쌓인 핵무기는 모든 인류를 몇 차례 멸망시킬 수도 있는 엄청난 양에 달한다. 자칫 핵전쟁이 시작되면 전쟁의 속성상 반격 작전이 수행되므로 제3차 세계핵전쟁이 벌어지게 된다. 인류는 스스로 지구상에서 자멸하고 사라지게 된다. 따라서 핵전쟁의 발발을 막고 핵무기를 사라지게 만드는 전략이 절실하게 필요한 때라고 할 수 있다.

　세계(연방)정부가 수립되면 한반도의 비핵화는 물론 지구촌 세계의 비핵화가 자연스럽게 이루어진다. 한반도 비핵화는 지구촌 세계의 비핵화와 함께 병행되는 것이며, 그 방법은 바로 '세계(연방)정부 수립의 선도'라는 뜻이다.

　문재인 정부의 '낮은 단계의 고려연방제통일방안'은 자칫 북한의 고려연방제통일 전략에 휘말릴 가능성이 있다. 남북연방제가 될 경우에는 더 이상 미군이 주둔할 명분이 없어진다. 미군이 철수하면 북한의 김정은 국무위원장은 핵 무기를 통한 협박에 나설 가능성이 높으며, 제2의 6·25전쟁이 일어나도 더 이상 미군이 도울 수 없게 된다. 내정에 간섭할 수 없기 때문이다. 따라서 우리는 '고려연방제통일방안'이 아닌 '세계(연방)정부통일방안'으로 맞서야 한다.

　한국이 새로운 지정학적 상황에 맞춰 독자적 핵무장을 할 수도 있으며, 미국이 이를 지지해야 한다는 주장이 미국에서 제기되기 시작했다. 다트머스대 국제학 센터의 제니퍼 린드 교수와 대릴 프레스 교수는 '21.10.07.(현지 시각) 워싱턴포스트에 "한국이 핵무기를 만들어야 하나"란 제목의 글을 기고했다. 중국의 부상과 북핵의 고도화로 한 · 미 동맹이 약화되고 있는 상황에서 한국의 독자 핵무장이 해결책일 수 있다는 내용이다. 현실적으로 실행하기에는 부담이 크고 적절치 못한 주장이라고 봐야 한다.

그러나 이미 핵무기와 대륙간탄도미사일^{ICBM} · 잠수함발사탄도미사일^{SLMBM}을 보유하고 고도화를 진행하고 있는 북핵의 현실을 외면하고 '북핵 비핵화' 전략을 마냥 지켜보고만 있을 수도 없는 형편이다. 따라서 미국과 유럽간의 핵공유 협정과 같은 강력한 한 · 미간의 핵공유 협정 체결의 추진과 병행하여 '세계연방제 지구촌 통일방안'이 진행되어야 한다. 북한과 중국 · 러시아는 물론 미국 · EU 등 어떤 나라도 국방비의 부담과 핵전쟁의 공포로 부터 벗어나기 위해서는 이 길을 외면할 수 없다.

'한반도 비핵화 ⊂ 지구촌 비핵화 ⊂ 세계(연방)정부'

세계정부 또는 세계연방정부가 수립된다면 핵무기는 더 이상 존재할 이유가 없게 된다. 물론 지구촌 세계정부 차원에서 우주의 소행성 또는 암석 덩어리가 지구에 접근할 경우에는 우주선으로 접근하여 폭파시키는 등 유효 적절하게 사용할 수도 있겠지만, 기존에 자국 방위를 위한 과다한 핵무기는 필요없게 될 것이다. 아울러 지구상에 국경선과 휴전선이 사라진다면 남북통일은 저절로 이루어진다. 따라서 한국은 '북핵 문제해결'과 '남북통일 전략' 차원에서라도 세계(연방)정부 수립을 선도할 필요가 있다.

이 과정에서 한국은 미국 · 중국 · 일본 · 러시아 · 유럽 등을 상대로 하는 국제외교 무대에서 자연스럽게 '세계의 중심 리더쉽'에 의한 외교로 주도권을 쥐게 된다.

당연히 한반도 상황을 평화적으로 유지할 수 있게 되며, 한반도 비무장지대^{DMZ} 및 금강산 일대를 '세계(연방)정부의 청사 및 세계평화공원'으로 변환시키고, 지구상에서 가장 규제가 없는 특별자유무역지대를 만들어야 한다. 이것은 남북한에 엄청난 인센티브를 유발할 수 있게 되며, 낙후된 북한 경제를 최단 시간 내에 부흥시킬 수 있는 기반이 될 것이다.

상상해 보라!

지구상에서 가장 치열한 무력이 대치하고 있는 한반도의 DMZ와 금강산 일대가 세계중심지로 뒤바뀌는 상황을…!

한국은 북한의 핵무기를 지렛대로 삼아서 '핵무기 없는 세상'을 선도할 수 있으므로 북핵위기는 곧 한반도·한민족이 세계의 중심이 될 수 있는 절호의 지렛대로 활용하는 챤스로 바뀌는 것이다.

어쩌면 이것이 창조주의 염원이며, 한민족·한국인의 꿈이며 절체절명의 사명인지도 모른다.

7. 세계중심국가로 가는 길

필자는 2011.11.11. 11:11에 '임시세계정부' 수립을 선포한 퍼포먼스를 가진 적이 있다. 필자가 쓴 '임시세계정부' 책을 출간하는 기념과 함께 지인이 운영하던 '백악관 웨딩홀'에서 지인들과 조촐하게 선포식을 가진 것이다.

그간 이런저런 사정으로 책에 기술된 활동을 제대로 하지 못했다. 그러나 이제는 더 이상 머뭇거릴 수 없는 '때'가 된 듯 싶다.

임시 세계(연방)정부는 유럽연합^{EU}을 모델로 조직구성을 진행하고 있다. EU는 유럽 여러 나라가 세계시장에서 경쟁력을 높이기 위해 결성한 기구이다.

20세기에 두 차례의 세계대전을 겪으면서 유럽의 세계 각국에 대한 영향력이 약해지자 유럽 사회내에서 경제적, 정치적 통합을 요구하는 목소리가 높아졌기 때문에 추진되었다. 유럽 경제공동체와 유럽 원자력 공동체, 유럽 석탄철강 공동체가 통합하여 유럽공동체^{EU}가 탄생한 것이다.

EU는 일반적인 국제기구와 달리 입법·사법의 독자적인 법령

체계 및 집행부를 정점으로 하는 자치행정 기능까지 갖추었다. 경제적으로 통상, 산업, 농업 등에 대한 주요 정책을 결정하고, 정치와 사회분야에 이르기까지 공동의 정책을 확대해 나가고 있다.

최근에는 기후변화 등 환경파괴를 막기 위하여 탄소국경세 부과를 선언했다. 앞으로 유럽에 수출하기 위해서는 EU에서 규정한 탄소중립의 조건에 맞아야 가능하게 된 것이다.

임시세계(연방)자치행정 기구도 EU를 모델로 하되, 기본 행정단위를 인구 1만 명 단위를 기준으로 분할하여 자치행정을 수행하는 조직 편제로 운영할 생각이다. 이 1만 명 기본 행정단위는 (가칭)'(지역별 · 영역별)공동경영협업체'를 만들어 각종 실생활에 필요한 온갖 경제 · 사회 활동의 주체 역할을 하게 된다. 이 제도는 공동체를 경영적 시각에서 사회 구성원 전원이 유익한 방향으로 운영하는 자율적 기구라고 할 수 있으며, 사람들은 공동체의 일원으로 생활에 필요한 온갖 서비스를 제공받게 될 것이다. 일종의 협동조합 방식으로 운영되기 때문에 모든 구성원이 주인 역할을 수행하면서도 개인적 생활에는 제약이 없는 방향과 기준으로 자치행정 기구방식으로 운영을 하게 된다. 따라서 공산주의의 집단생활에 익숙한 공산권 주민들도 이 기구를 통해서 부담과 스트레스 없이 사회에 적응할 수 있게 된다. 각 협업체별로 특성과 개성을 자율적으로 정하여 운영할 수 있기 때문이다.

임시세계(연방)정부는 명실공히 세계 각국이 참여하는 세계정부WG: World Government가 탄생될 때까지 임시적으로 가이드Guide

역할을 수행하게 된다. WG 출범시에는 기존의 중국 · 러시아 · 미국 등 광대한 영토와 인구를 가진 나라들의 횡포 · 독단을 차단할 수 있어야 한다. 그 방법이 곧 1만 명의 기본 행정단위이며, 이를 구성하는 하위의 자치기구 역할과 기능을 맡게 될 '(지역별 · 영역별) 공동경영협업체'라고 요약 정리할 수 있겠다.

이 제도는 이해관계자 자본주의에 적합한 사회적 자치기구로 인종주의 · 민족주의 등을 말끔히 걷어내고 인류애Humanism를 바탕으로 상호 존중과 배려 · 조화調和가 넘치는 지구촌을 만들어 나가는 주체 역할을 하게 된다. 무엇보다 경제적 궁핍이 없고 의 · 식 · 주로부터 완전히 해방되어 사람들은 각자 하고 싶은 일만 하며 살 수 있는 황금문명 또는 은하문명銀河文明의 시대를 이끌어가게 될 것이다. 인간의 삶의 지평은 지구가 속해 있는 태양계를 벗어나 은하계 차원에서 활동하는 시대가 되므로 정치도 '은하정치銀河政治'가 펼쳐지게 된다.

아울러 최근 현실세계와 융합된 가상 3차원 공간 제공으로 각광을 받고 있는 메타버스Metaverse 기술을 활용하여 '메타버스 탄소중립 · ESG 임시세계(연방)정부시스템'을 운영하게 될 것이다. 지구촌 세계의 드넓은 공간 사이의 물리적 · 시간적 거리를 극복하고 각종 제약이 사라지게 된다. 각종 메타버스 플랫폼을 만들고 체험관을 만들어 자치적으로 운영하며, 아바타를 활용하여 선거도 진행할 예정이다.

지구촌 세계가 하나의 정부로 통일되고 인류가 지금까지 꿈꿔온 이상과 꿈을 마음껏 펼쳐볼 수 있는 메타버스 세계가 만들어지는 것이다. 현실 정치에 염증을 느끼거나 메타버스 정치에 참여해 꿈을 실현해 보고 싶은 사람은 누구나 회원이 될 수 있으며, 새로운 세상을 만들어 볼 수 있게 된다. '탄소중립·ESG'를 운영 기조로 꿈과 이상을 메타버스로 현실과 융합시켜 나가는 체험이 가능하게 된다.

앞으로 도래할 세계(연방)정부를 미리 체험하는 기회가 될 것이며, 귀중한 사례가 되고 살아있는 메시지가 전파될 것이다. 메타버스 임시세계정부는 생활에 필요한 모든 물품과 서비스를 제공할 수 있는 '메타버스 복지공유쇼핑몰'을 만들어 운영해 나갈 예정이다.

초기의 개발에 필요한 재원은 뜻을 같이하는 분들의 기부 또는 출연·출자, 회비 등으로 충당할 예정이다.

한국의 제20대 대통령은 '메타버스형型 탄소중립·ESG임시세계(연방)정부'와의 협력과 연계지원을 하게 된다면, 그 순간에 국제무대의 외교 주도권을 움켜쥐게 된다. 북한과 협의하여 한반도의 비무장지대와 금강산 일대를 '세계정부 청사 부지 및 세계평화공원'으로 만들게 될 때, 한반도·한민족은 세계무대의 중심에 위치하게 된다. 아울러 가장 평화적이고 이상적인 한반도·한민족 통일이 단계적으로 이뤄져 나갈 것이다.

따라서 앞으로 한국의 대통령은 세계중심국가로 나아가는 길을 개척해야 하며, 그 방법 중의 한 가지로 임시세계정부에 대한 관심과 지원·협력이라고 할 수 있다.

제2부

골목상권
공동경영협업체
운동의 횃불

1. 거시적 발상의 대 전환

오늘날 한국사회의 가장 큰 난제인 소상공인·자영업의 근본적 문제는 무엇일까?

그것은 바로 특성상 단결이 어렵다는 점이다. 대부분 형편과 사정이 천차만별이며, 경쟁관계이므로 상호 협력이 쉽지 않다는 점이다.

노동자는 회사의 경영진이라는 투쟁 목표가 명확하게 설정되어 있으므로 상호 협력과 단체행동이 가능하게 된다. 따라서 노동 조건을 지속적으로 개선하면서 필요한 경우에는 총파업 등 강력한 무기를 행사하고 있다.

그런데 소상공인·자영업은 규모가 다소 큰 경우에는 종업원을 고용하는 경영주 입장이며, 고객을 대상으로 판매고를 올리기 위해서는 다른 업체와 치열하게 경쟁을 해야하는 처지이다. 인허가권을 움켜쥐고 있는 지자체·정부의 공무원들이 코로나19 대유행에 따른 전염을 차단하기 위하여 영업시간과 인원 제한, 사회적 거리두기 등을 시행할 때에 고객과 매출이 뚝 끊겨도 쉽사리 저항하지 못하는 '을乙'의 입장이다. 자칫 인허가 취소로 장사를

한국 대통령의 길道

하지 못하면 생계가 막막하기 때문이다.

최근에는 대규모 자본력을 가진 대형 유통업체의 경쟁력에 밀려서 고객의 선택을 받기 어려운 상황이기도 하다. 비대면 온라인으로 주문하고 총알 배송을 해주는 대기업을 도저히 상대할 수 없는 상황이라고 볼 수 있다. 어쩌면 이 문제가 가장 큰 당면 문제인지도 모른다. 고객과 매출없는 점포는 존재 자체가 지속될 수 없기 때문이다. 그리고 갖은 고생 끝에 상권 또는 점포가 활성화되어 매출이 늘면 건물주 임대인이 임차료를 대폭 올리게 된다. 사유재산권이 보장된 자본주의 시장제도하에서 적정 임차료를 요구할 수도 없다. '절이 싫으면 중이 떠나듯이' 떠나야 한다.

한 때 유명했던 홍대입구역 골목상권은 약 30% 정도가 비어있는 공실 상태로 썰렁하며, 새로 입주한 업체의 대부분은 대규모 자본력을 가진 회사의 지사 · 대리점 등이 차지하고 있으므로 옛 정취를 느낄 수 없다.

이와 같은 현상은 임차인과 임대인의 손실이며, 골목상권 전체와 지역사회가 침체되는 것이다.

어떻게 해야 할 것인가? 해답은 지역사회 공동체 구성원들이 뭉쳐서 적정한 임차료 수준을 결정할 수 있어야 한다. 이러한 역할은 기존의 협동조합 방식으로는 역부족이다. 따라서 협동조합을 기반으로 공동체 구성원 전체가 참여하여 임차료의 적정 수준을 정하고 지역사회 공동체의 경쟁력을 확보하는 제반 역할을 수행하는 방안이 요청된다.

소상공인 협동조합 또는 기존의 상인회 등 단체를 중심으로 골목상권 공동체내 모든 소상공인·자영업체는 물론 건물주 임대인과 지역 주민 등이 참여하여 (가칭)'골목상권 공동경영협업체'를 탄생시키고, 운영을 지속하는 일은 쉽지 않은 일이다. 따라서 과거 새마을 운동의 경우처럼 정부·지자체에서 과감한 인센티브를 제공하고 경쟁을 유도하는 전략이 필요하게 된다.

이 협업체는 제3의 협동조합 또는 (가칭)'골목상권 공동경영협업체 육성 및 지원에 관한 법규' 등 특별법을 제정할 수도 있다.

마치 협동조합처럼 자율적인 경영본부를 구성하여 골목상권 재개발 사업, 경쟁력 확보사업, 복지사업 등을 추진하는 방안이 필요하다. 특히 골목상권 재개발 사업과 연계하여 도시재생기금 등을 우선적으로 활용하게 하고 국공유지를 제공한다면 현재의 초라한 대부분의 골목상권과 전통시장은 면모가 혁신되고, 경쟁력을 확보하게 될 수도 있다.

필자가 알고 있는 천호역 부근의 어느 수제청 카페에서는 주변의 단골 확보와 함께 전국의 수제청 방법을 배우고 싶어 하는 수강생들을 온-오프 라인으로 교육 프로그램을 진행하므로서 수강료 수입 증대와 함께 수제청 체인점을 개설해 나가는 '소상공인·자영업-스타트 업' 창업자의 길을 걷고 있는 사례가 있다.

연세대 모종린 교수는 '골목길 자본론' 등의 저서와 언론 투고를 통하여 소상공인 정책을 대전환해야 할 때라고 주장하고 있다. 주요 요지는 다음과 같다.

소상공인은 한국 사회의 난제다. 2018년 최저임금 파동 이후 소상공인 위기가 최대 현안으로 부상했지만 정부는 아직 뾰족한 해법을 내놓지 못하고 있다. 복지 성격의 재정지원을 통해 소상공인 산업의 붕괴를 저지하는 데 분주하다고 해도 과언이 아니다.

정부의 지원방식은 다양하다. 지역 상품권이 소상공인 수요와 매출을 높이기 위한 정책이라면, 일자리안정자금, 신용카드가맹 수수료 인하(제로페이 제도 등), 상가임대차보호법 개정이 소상공인의 비용을 절감하는 정책이다. 하지만 정부지원이 소상공인 산업의 운명을 바꿀 것으로 기대하는 사람은 많지 않다. 소상공인에게 진정으로 필요한 역량 강화에 크게 도움을 주지 못하기 때문이다.

한국은 이미 탈산업화 사회로 진입했다. 삶의 질과 정체성을 중시하는 탈산업화 사회는 지역의 삶의 질을 높이고 지역 경제를 활성화하는 더 많은 소상공인을 요구한다. 미래 산업 경쟁력이 소상공인 정책을 새로운 성장동력으로 활용하는 산업 정책으로 추진해야 하는 진짜 이유다.

그렇다면 정부는 무엇을 해야 하나? 먼저 로컬크리에이터local-creator, '강한 소상공인' 등 창의적 소상공인을 지원하는 기존 사업을 대폭 확대해야 한다. 작은 동내 재생을 위해 1,000억 원을 쓰면서 전국 단위 창의 소상공인 지원사업에 연 100억 원에 불과한 예산을 투입하는 것은 납득하기 어렵다.

그 다음 정책 기조를 개인지원에서 상권 지원, 재정지원에서 기술 훈련 지원으로 전환해야 한다. 상권과 상권이 경쟁하는 상황에서 소상공인 생태계는 상권 단위로 관리하는 것이 불가피하다. 미국 상권 지원단체인 '메인 스트리트 아메리카Main Street America'도 "소상공인 기업을 개별적으로 지원하는 것을 넘어 지역상권 회복을 지원하는 전체론적 전략을 고려해야 한다."라고 주장한다.

따라서 필자가 이해관계자 자본주의 실현 차원에서 제안한 (가칭)'골목상권 공동경영협업체'라는 자주적 민간 조직 · 기구를 제도화하여 활용하는 방안을 적극 고려해 볼 필요가 있다.

창조적인 소상공인들은 이미 충분히 잠재력을 입증했다. 전국의 수많은 골목 상권뿐 아니라, 양양 서핑, 강릉 커피, 제주 화장품 등 독립적인 지역 산업을 개척했다. 최근에는 아마존, 쇼피파이와 같은 글로벌 베스트셀러로 자리 잡은 소상공인 브랜드가 늘고 있다. 국내 대기업도 로컬 브랜드에서 새로운 기회를 찾는다. 스마트스토어에 입점한 소상공인 브랜드를 해외시장에 진출시키는 방안을 모색하는 네이버가 대표적인 기업이다.

하지만 정치권 논의는 아직 많이 뒤져 있다. 여야를 막론하고 소상공인을 복지대상으로 인식하고, 소상공인 단체도 혁신방안을 제시하지 못하고 정부지원만 요구하는 이익단체가 되고 있다. 소상공인을 독립적인 협상력을 갖춘 창조 인재로 만들려는 노력은 보이지 않는다.(중략)

소상공인의 창조성의 활용과 제고, 소상공인 산업을 신新성장 동력으로 활용하려는 전략은 한국의 제20대 대통령이 반드시 선택해야 할 과제이다.

정부는 50여 가지가 넘는 다양한 소상공인 · 자영업 지원정책을 펼치며 수 조兆원에 달하는 막대한 예산을 매년 쏟아 붓고 있지만 소상공인·자영업 문제는 해결되지 않고 있다. 매년 폐업자 숫자는 점점 늘어나 2020년도에는 90만 명 정도의 통계 숫자를 보여주고 있다.

이제는 거시적인 안목과 근원적인 처방을 위한 과감한 역逆발상으로 위기를 기회로 바꿔야 할 때이다. 교통요지에 위치한 전통시장과 골목상권은 사실상 황금을 바닥에 깔고서 불과 몇 천 원짜리 옷 또는 음식 등을 팔고 있는 셈이라고 볼 수도 있다.

따라서 기존 상권을 유지·보존하기 위하여 일정한 높이의 층고수까지 텅 비워 전통시장의 풍취를 유지시켜 주면서, 거대한 신규로 창출된 재개발 공간을 활용하는 방안을 찾아야 한다. 도쿄에서 진행하고 있는 초超고층의 도시재개발 프로젝트와 국내에서 진행 중인 도시재생사업의 일환으로 텅 비어있는 유휴 '하늘공간'을 주상 복합건물로 재탄생시켜서 활용한다면 어떨까…?

소상공인·자영업 종사자의 근로시간은 직장인의 1.5배 이상으로 소요되고 있으며, 건강악화로 폐업하는 사례가 매우 많은 편이다. 따라서 공동의 재개발을 통하여 확보된 대형 건축물의 일부를 기존 상인들에게 주거공간으로 우선 입주할 권리를 부여하고, 전체 부동산 운용 수익의 일부를 정기적으로 배분해 준다면 점포 상인들의 처지는 완전히 달라지게 될 수 있다. 점포와 근접한 주거로 출퇴근에 소모되는 시간을 절약하며, 피곤하면 집에 가서 쉬기도 하고 틈틈히 건강관리를 하여 삶의 질을 획기적으로 개선하고 '소상공인·자영업 점주와 종사자들의 복지'를 획기적으로 증진할 수 있게 될 것이다.

이 사업은 기존의 골목상권 또는 전통시장을 대상으로 소상공인 협동조합을 설립 또는 기존의 상인회 등을 주축으로 하여 지역 주민과 공공기관, 학교, 종교 등은 물론이고 건물주 등 지역사회 핵심 세력이 모두 참여하는 '골목상권(또는 전통시장)공동경영협업체'를 만들자는 제안이다.

이 공동경영협업체의 경영본부를 구성하여 지자체 및 국토부의 도시재생사업과 연계하여 진행한다면 충분히 가능한 사업 모델이라고 본다. 전국의 1만 5,000여 개의 전통시장과 수만 개의 골목상권을 부동산 개발 차원에서 전국적으로 추진한다면 그야말로 글로벌 규모와 경쟁력을 갖춘 신흥 골목상권 중산계층으로 자리잡게 될 수도 있다. '어쩌면 소상공인·자영업 부문에서 스타트업start-up, 벤처기업처럼 억대 연간 수익자가 쏟아져 나올 수도 있지 않을까…?

미국 뉴욕의 월가wall street에서 '소득과 부富의 불평등에 항의한다', '월가를 점령하라'는 플랜카드를 앞세운 대규모 시위가 전개된 적이 있었다. 일부 금융회사들이 공적자금을 통한 막대한 재정지원으로 회생하였으나 임직원들이 고액 연봉으로 해외여행 등으로 펑펑 쓰며 돈 잔치를 벌이고 있는 행태에 분노한 것이다. 자동화설비의 확장 등으로 대기업과 금융기관들의 이윤은 확대되지만 그만큼 실업율은 계속 오르는 구조를 방치하고 있다.

어느 시위 참가자는 이렇게 외치고 있었다.

"상위 1%만이 부富를 편식하여 펑펑 쓰고 대부분의 사람들은 생계유지를 위한 일자리도 어렵다."

이 시위는 2011. 9월 중순께 시작되어 순식간에 미국 전역으로 확산되고 캐나다 토론토에서도 발생했다. 일부 대학교수들도 지지성명을 발표하고 가세했다. 이러한 절규와 항의는 유럽과 일본을 거쳐서 한국까지 상륙했다.

케인즈의 유효수요이론은 1930년대의 대공황을 극복한 경제이론으로 유명하다. 한국정부는 과거 1998년도 말에 발생된 '환란換亂' 때에 막대한 공적자금을 기업체에 투입했다. 2008년 9월에 발생된 금융위기때에는 미국정부를 중심으로 G20국가에서 약 18조 달러에 달하는 천문학적인 공적자금을 또 다시 민간 기업체에 투입했다. 2019년도 말에는 경제성장율이 2% 이하로 떨어지지 않도록 수 십조의 공적재원을 투입하기도 했다.

지난 경제공황기에는 구매력있는 유효수요를 확대하기 위하여 정부재정의 지출을 위한 '뉴딜 정책'으로 극복했으며, 역대 정부에서 경제를 살리기 위한 정책으로 통상적으로 실시해 왔다.

그러나 미 컬럼비아대 애덤 튜즈 교수는 '이제는 정부 재정을 아무리 투입해도 소비활력이 제대로 살아나지 않는다.'고 지적하며, 새로운 방법을 찾아야 한다고 했다. 그 방법은 무엇일까?

'99%의 반反월가 시위대의 분노' 양상은 단순한 경제이론만으로는 해결이 어렵다는 것을 보여주고 있다.

자본주의 시장경제의 철학과 사상, 이념, 그리고 경제이론까지 패러다임paradigm을 바꿔야 해결될 수 있는 것이다.

2. 골목상권 공동경영협업체 운동
(제2의 새마을운동)

필자가 제안하는 '골목상권 공동경영협업체'의 정신은 '공유共有 · 협동協同 · 창조創造'이다. 성격은 '새마을운동＋협동조합'이라고 볼 수 있다.

새마을운동은 우리나라 농촌을 몰라보게 변화시키고 나라를 발전시킨 한국의 토종 지역사회개발 모델이라고 할 수 있다. 故 박정희 대통령의 결단과 추진력으로 일구어 낸, 그 분의 커다란 업적 중의 하나다. 그런데 이 새마을 운동에 대해 최초에 아이디어를 낸 사람은 국가혁명당의 제20대 대통령 후보로 나선 허경영 명예대표라고 한다.

허 후보는 20대 초반에 당시 박정희 대통령의 비선 정책보좌관을 역임하고 있을 당시에 이 아이디어를 제시했다는 내용을 '난세의 영웅, 허경영을 아십니까'(저자 허경영, '21.09.01. 출판사 체인지업북스)에 다음과 같이 밝혀 놓았다.

경부고속도로가 완공되어 갈 무렵 시원하게 뚫린 경부도로의 사진을 보았는데 잘 뻗은 고속도로에 비해 주변 마을의 집들이 낡고 초라한 것이 내 눈에 들어왔다. 나는 마을을 새롭게 바꾸는 운동을 하면 좋겠다는 생각이 번쩍 떠올랐다. 그래서 며칠을 고심하며 방안을 생각했다. 그리고 직접 대통령에게 내 아이디어를 제안했다.

그러자 그 분은 무릎을 치며 어떻게 그런 생각을 다 하느냐며, 그걸 한 번 연구해 보라고 했다. 나는 이미 생각해 둔 것이 있다며 이렇게 말했다.

"마을과 마을끼리 경쟁하게 하는 방법의 운동으로 이름은 신촌新村운동, 즉 새마을운동으로 지어 봤습니다."

"새마을운동이라…. 그거 좋은 이름이군. 그래, 새마을운동은 어떤 성격의 운동인가?"

"국민적 에너지를 결집하는 운동입니다. 지금 머리head, 손hand, 심장heart, 건강health의 4H 운동이 있지만 그것은 '도박하는 운동'과 같습니다. 농촌 사람들이 노름이나 하면서 노는 사람이 너무 많습니다. 새마을新村운동은 우리 국민이 힘을 모아서 마을을 바꾸고 나라를 바꾸는 운동입니다. 방법적으로는 국민은 노동, 국가는 재료를 무상으로 대 주고 마을과 마을끼리 경쟁하게 합니다. 북한은 천리마운동을 하고 있지만 그것은 경쟁이 없어 성공하지 못합니다.

죽은 민물고기는 물살을 따라 떠내려 가지만 살아있는 민물고기는 물살을 거슬러 올라갑니다. 지느러미와 꼬리를 쉴 새 없이 흔들어 더 좋은 환경으로 펄떡 뛰어오르는 것처럼 우리 국민도 운동하게 만들어서 낡은 초가집을 새 집으로 바꾸고 마을 환경도 새롭게 하고, 노름이나 하면서 게으르게 사는 낡은 정신을 새로운 정신으로 바꾸는 것입니다.

그래서 새마을운동의 3대 정신으로 '자조自助, 근면勤勉, 협동 協同'을 정해 보았습니다. 3대 정신에는 일하는 소의 쟁기를 닮은 '힘 력力'이라는 글자가 6개 들어 있고 '열 십十'자가 한 개 들어 있습니다. 이것은 6일간 열심히 일하고 하루는 쉰다는 의미입니다. 6개의 '힘 력力'은 에너지로 새마을 정신의 에너지, 힘을 강조했습니다."

나는 계속 말을 이어갔다.

"성장주의, 복지주의, 양시주의, 총체주의는 새마을운동의 4대 이념입니다. 그리고 살기좋은 고장, 보람있는 일터, 건강한 사회, 자랑스러운 나라 건설은 4대 목표이고요. 또 새마을 운동은 도민양산韜民養産, 즉 민주화는 잠시 숨기고 산업화를 먼저 해야 성공할 수 있습니다."

듣고 있던 그분이 얼굴에 기쁨을 감추지 못하며 말했다.

"정말 좋군. 그런데 이름의 아이디어는 어디서 얻었는가?"

"참 많습니다. 어린 시절 머슴살이 체험과 서양의 실용사상, 아담 스미스의 국부사상, 막스 베버의 자본사상, 기독교의 중립사상 등 서약의 것을 '새新'로 했습니다. 그리고 우리나라의 전통사상, 유교의 중용中庸사상, 불교의 중도사상, 도교의 중화中和사상 등 동양의 전통적인 것은 '마을村'이 상징하게 했고요. 동양 것과 서양 것의 혼합이지요."

이렇게 하여 얼마 가지 않아 내 아이디어가 국가의 정책으로 채택됐다. 새마을운동이 일어난 것이다. 마을 주민들이 노동력을 대면 국가가 그만큼 시멘트를 무료로 주니 마을끼리 경쟁이 불붙었다. 일하지 않는 마을은 시멘트를 한 포도 주지 않았기에 다들 경쟁적으로 열심히 운동에 임했다. 집의 지붕, 도로, 하천의 보수부터 가축 사료기구에 이르기까지 새마을 운동은 잠자던 농촌과 국민의 정신을 깨워 자신과 환경을 새롭게 바꾸어 갔다.

우리의 새마을운동이 대성공을 거두자 중국에서는 공산주의는 숨기고 산업을 양성한다는 뜻의 도광양회韜光養晦를 내세우며 우리의 새마을운동을 따라 하기에 이르렀고, 차츰 새마을운동은 전 세계로 퍼져 나가기 시작했다. 이후 새마을운동은 전 세계 개발도상국에서 배우러 오는 것은 물론 유엔과 세계은행에서도 빈곤 극복을 위한 이상적 모델로 평가하며, 지금도 세계 각지의 개발도상국들에서 새마을 운동의 경험을 전수해 달라는 요청이 계속되는 것으로 알고 있다.(중략)

필자가 제안하는 '골목상권 공동경영협업체'의 성격은 새마을 운동 성격 이외에 협동조합의 성격과 이념이 바탕을 이루고 있다는 점이다.

몬드라곤의 기적(저자 김성오, 2012.01.09. (주)역사비평서 참조)을 통해서 '몬드라곤 협동조합 복합체MCC'의 성격과 운영현황, 조직구조, 진화과정, 원칙 등을 살펴보면 다음과 같다.

몬드라곤은 1940년대 호세 마리아의 주도로 시작된 노동자 생산협동조합 운동을 일컫는다. 1956년 석유난로 생산직원 협동조합인 울고로 출발해 1958년 라군-아로, 1959년 노동인민금고, 1969년 에로스키, 1973년 기술연구소 이켈란 설립까지 20여 년

동안 제조, 금융, 유통, 지식의 핵심적인 기업들을 만들어 냈다.

이 모든 과정에는 호세 마리아 신부가 주도적인 역할을 했다. 제자들의 반대와 무관심을 무릅쓰고 노동 인민금고를 만들고 이 은행을 통해 새로운 협동조합을 인큐베이팅 했으며, 더 나아가 이 은행과의 '연합협정'을 통해 새로운 협동조합들을 하나의 울타리 안에 묶었다. 통합조직의 편제로 '협동조합 의회'라는 대의기구와 산하에 상임위원회, 총 이사회가 만들어졌고 총칭하여 '몬드라곤 협동조합 복합체^{MCC}'라고 한다.

몬드라곤 의사결정구조는 최고 대표조직인 몬드라곤 의회와 핵심 지배조직인 상임위원회, 최고 경영조직인 총 이사회로 구성되어 있다. 원칙과 가치로 노동자생산협동조합의 경영은 투명하게 공개되는 것을 원칙으로 하고 있으며, 신용협동조합운동과 농업 협동조합 운동에서도 '정직'과 '공개'의 가치는 기본정신으로 자리를 잡고 있다.

몬드라곤 10대 원칙은 다음과 같다.

1. 자유로운 기업: 기본원칙들을 수용하고 일자리에 직무상 적합하면 종교, 정치, 인종이나 성적인 이유로 차별하지 않고 모든 사람에게 개방되어 있다.
2. 민주적 조직: 노동자 조합원의 평등에 기초하는 조직으로 민주적 조직체로 규정된다. 최초 의사결정권과 통제권은 총회에 있다. 총회의 주권(1인 1표의 원칙 아래 운영), 경영조직의 민주적 선출, 공동작업을 민주적으로 결정한다.

3. 노동자 주권: 노동자는 협동조합의 기업을 조직하는데 완전한 주권을 행사하며, 창출된 부는 제공한 노동에 따라 분배된다.

4. 자본의 도구적, 종속적 성격: 자본은 기업 발전에 필요한 요소로서, 노동의 수단이며 노동에 종속된 것으로 간주된다. 출자금으로 발생된 이자는 '인플레이션 교정 이자율'의 합으로 구성된다.

5. 참여형 경영: 경영에 대한 조합원의 참여를 점진적으로 발전시켜 나가고, 노동자들에게 권한뿐 아니라 책임을 강조한다.

6. 급여 연대: 충분한 급여를 지급하는 것을 경영의 기본 원칙으로 천명한다. 기업수준에서 뿐만 아니라 대내외적으로 추구한다.

7. 상호 협력: 연대 원칙의 명확한 적용과 마찬가지로 협동조합 간 협동은 사업의 효율성을 위해 다양한 측면에서 이루어져야 한다. 개별 협동조합들 사이의 관계 차원, 몬드라곤을 비롯한 바스크 및 스페인 협동조합 조직들 사이의 관계 차원, 유럽 및 세계 협동조합운동과 관계 차원으로 상호 협력을 확대 · 발전시켜 나간다.

8. 사회 변혁: 획득한 순수익의 재투자, 공동체 발전을 위한 활동지원, 협동조합 시스템에 조응하는 사회보장정책 운영, 사회경제적 성격을 갖는 기타 기구들과의 협력을 증진한다.

9. 보편성: 사회 경제의 영역에서 경제민주주의를 위해 일하는 모든 사람과 연대를 표명하고, 국제협동조합 운동의 특징인 평등, 정의, 발전이라는 목표를 지지한다. 보편성에 입각하여 대표적인 사회경제 포럼에 적극 참여한다.

10. 교육: 인간에 의해 채택된 사상과 개념에 대한 교육은 대중의 발전과 진보의 열쇠가 된다. 교육은 새로운 인간과 공정한 사회질서의 창출을 위해 당연하면서도 필수불가결한 주춧돌이다. 지식은 권력을 민주화하기 위해 반드시 사회화되어야 한다. 교육과 현장훈련은 협동조합이 발전하고 강화하는데 핵심 열쇠이다.

몬드라곤의 기업 목표는 '고용 창출'이다. 이는 회사를 발전시키는 목적이기도 하고, 구체적으로 조합원 노동자들이 유념해야 할 내용이기도 하다. 몬드라곤에서는 고용 창출과 기존 조합원의 이익이 부딪칠 때면 언제나 노동자 조합원들이 자신의 이익을 양보하고 고용 창출에 방점을 찍어왔다.

자본주의 원리에 지배되는 주식회사의 경우와 달리 몬드라곤은 미래의 동료 노동자 조합원들을 위해 부자가 될 수 있는 기회를 포기하고 더 많은 사람이 함께 잘 먹고 잘사는 것이 더 중요하다고 생각하는 것이다. 이러한 목표를 달성하기 위해 하위 목표를 설정했다.

1. 고객중심: 고객과의 전략적 협력
2. 발전: 성장, 국제화, 시너지 효과의 극대화 추구
3. 혁신: 혁신 경영, 기술개발에 집중
4. 수익성: 경쟁력 제고 차원에서 추구
5. 공동체 참여: 기업의 책임, 사회변혁에 복무
6. 협동: 인적자원개발, 지도력 배양, 협동정신 교육, 작업 중의 안전과 건강 도모

이 책의 저자는 노동자들이 경영권을 가진 회사에 투자하거나 기업 인수과정을 촉진하기 위하여 일종의 펀드^{KCS: Korean Capital Strategy} 창설을 제안하고 있다.

노동자들이 경영하는 기업은 고용 창출에 훨씬 적극적으로 나설 가능성이 높고 노동생산성은 높아지고 불필요한 노조 투쟁 등에 따른 비용이 줄어들기 때문이다. KCS펀드는 주식시장에서 시작할 수도 있고 사회적 자본 형태로 시작할 수도 있다. 주식시장에서 시작한다면 투자 대상은 상장 기업이나 코스닥 등록 기업에 한정될 것이지만, 사회적 자본형태로 시작한다면 사회적 기업을 비롯해 새로운 노사공동체를 시도하는 곳에도 투자할 수도 있다. 고용문제를 둘러싼 노사갈등을 해결하는데 큰 도움이 될 것이다. 또한 기존에 있던 회사의 모든 거품을 걷어내고 강력한 노사협력에 의한 자구 노력을 통해 자신의 문제와 동료들의 문제를 해결할 수도 있을 것이라 생각한다. 금융위기에도 흔들리지 않았던 몬드라곤처럼 하루빨리 노사갈등과 대립·투쟁의 고질병과 사회적 에너지의 낭비를 없애기 위해서는 제20대 대통령이 진지하게 검토하고 수용하는 결단을 내려야 할 것이다.

아울러 '골목상권 공동경영협업체'는 몬드라곤 협동조합 복합체^{MCC} 보다 한 차원 진화된 제3의 협동조합 형태라고 볼 수 있다. 협동조합을 중심으로 지역 또는 영역별로 공동체 구성원들이 모두 참여할 수 있으며, 공동체를 경영의 시각에서 분석하고 공동체 구성원들이 보유한 자산을 고부가가치 창출의 방향으로 활용하는 경영의 방향과 기준을 제시하기 때문이다.

따라서 '골목상권 공동경영협업체'의 제도를 기업체에 적용한 다면 노사가 상생·협력하는 기업 시스템으로 '생산적인 노조제 도'로 활용될 수도 있다.

3. 제3세대 협동조합의 정체성과 진로

제3세대 협동조합의 역사는 '협동조합의 정체성은 무엇이며, 21C에도 협동조합이 살아남으려면 무엇이 필요한가?'라는 문제 제기와 대안 제시로 시작되었다.

1980년 ICA(국제협동조합연맹) 모스크바 총회에서 레이들로 박사는 협동조합의 정체성과 21세기의 과제를 제시했다. 그로부터 약 15년간의 토론과 연구 끝에 1995년에 협동조합의 정체성에 관한 선언을 채택했다. 여기에는 협동조합의 정의, 기본적인 가치, 그리고 21C를 맞아 협동조합이 지켜야 할 개정된 7가지 원칙이 제시되었다.

레이들로 박사는 협동조합의 1차 위기는 '신뢰의 위기'였으며, 2차 위기는 '경영 위기'였다. 3차 위기는 정체성의 위기라고 진단하고, 협동조합은 시대적 위기와 과제를 해결해야 한다고 주장했다. '목마른 자가 우물을 파서 갈증을 해결할 뿐만 아니라 주변의 목마른 자들에게도 나눠주는 일'도 해야 하는 시대적 과제 해결에 기여해야 한다는 것이다.

이탈리아에서 시작된 사회적 협동조합에서는 건강한 노동자들의 권익 향상뿐만 아니라 노동시장에서 경쟁력이 없는 중증장애인, 알코올중독자, 출소자 등에게도 기본적인 생존에 필요한 '일자리'를 만들고 사회적 부조 시스템을 만들자는 사회복지 지향의 이념을 가진 협동조합이 탄생하게 되었다. 스페인 몬드라곤협동조합은 실업문제해결과 고용문제해결을 위한 모델을 정리했으며, 오늘날 광범위하게 확산되어가는 각종 사회적 협동조합이 탄생하게 된 배경이라고 볼 수 있을 것이다.

여기에는 놀랍게도 탁월한 선견지명이 담겨있다고 생각된다. 최근에 글로벌 차원에서 최대의 화두로 부상하고있는 지속가능 성장과 발전을 위한 ESG(Environment · 환경, Social responsibility · 사회적 책임, Governance · 투명한 관리구조)의 이념과 철학이 담겨있기 때문이다.

레이들로 박사는 제3세계에 주목해야 한다고 했다. 그것은 세계 인구의 과반수를 차지하며, 그들의 요구와 문제는 단지 클 뿐만 아니라 협동조합에 매우 큰 영향을 미칠 특수한 여러 문제를 가지고 있기 때문이라고 지적했다. 1980년 기준으로 향후 20년간 개발도상국에서의 협동조합은 그 수가 비약적으로 늘어날 뿐만 아니라 장래의 협동조합운동이 세계적으로 성공을 거두려 한다면 무엇보다도 개도국에서 성공해야 한다는 것이다.

레이들로 박사는 당시 많은 나라에서 도산이 급증하고 있으며 협동조합에 몰아치는 불황으로부터 벗어나기를 기대할 수 없다고 했다. 그러나 긍정적인 측면에서 세계의 많은 사람들이 힘든 시대에 어떤 대안을 찾아 나설 것이고 그들 중 다수는 1930년대의 대공황 때처럼 협동조합적 방법으로 전환하게 될 것이라고 했다. 따라서 앞으로 20년간은 참여하는 인원수에 있어서 협동조합의 전례없는 성장기가 될 가능성이 충분히 있다고 진단했다.

레이들로 박사는 모든 조직 또는 제도란 사람들이 믿고 지지하려는 사상과 개념에 입각하여 만들어지기 때문에, 그것을 떠받치고 있는 기본적인 사상을 살피고 이해하지 않으면 안 된다고 지적했다. 여기서 모든 협동조합에 공통되는 개념은 사회적으로 바람직함과 동시에 모든 참여자에게 이익을 주는 서비스나 경제제도를 보장하기 위하여 민주주의와 자조의 토대위에서 공동으로 행동하고자 하는 크고 작은 사람들의 모임이라는 것이다.

레이들로 박사는 로치데일 원칙Rochdale Principles 이래 현재까지의 원칙에 관한 많은 진술이 지니고 있는 문제점을 다음과 같이 지적했다.

첫째, 그것은 원칙 자체를 정확히 밝히는 대신 현재의 관행을 원칙의 수준으로 끌어올리려고 하였다는 점이다.

둘째, 그것은 주로 소비자협동조합에 치우쳐 있어 농업협동조합, 노동자협동조합, 주택협동조합 등 다른 종류의 협동조합에 똑같이 적용할 수 없다는 점이다.

협동조합운동은 어디에서나 미래를 인도하는 별자리로서의 지도원칙을 필요로 하며 반드시 갖춰야 한다.

레이들로 박사는 협동조합 섹터sector에 대해서 다음과 같이 정리했다.

협동조합이 사회주의적이냐 자본주의적이냐에 관한 많은 논쟁은 하찮은 것이다. 왜냐하면 협동조합 조직을 다른 존재와 연관시켜 정당화하거나 설명할 필요가 없다는 단순한 이유 때문이다. 이는 마치 강이 호수에서 발원하지 않은 이유를 더 설명할 필요가 없는 것과 같다. 아울러 제3세계의 일부 국가에서 나타나는 준準정부기관의 성격이 농후한 정부주도형 협동조합운동은 국가에 짐밖에 되지 않는다고 지적했다.

그리고 미래에 대한 함축Implications for the Future을 다음과 같이 제시하였다.

① 협동조합운동에서는 그 근거를 제공하는 기본적 개념, 사상 및 도덕적 요구를 밝히고 알리는 일이 중요하며 또 절대적으로 필요하다.

② 협동조합의 원칙은 운영규칙이라기 보다는 기본적인 규범의 표명으로 정식화되어 모든 형태의 협동조합에 적용되는 최소한의 필요조항으로 설정되어야 한다.

③ 장래에는 특히 지역사회단계에서 다목적 종합협동조합에 중점을 두면서 여러 규모의 다양한 협동조합이 요구될 것이다.

④ 협동조합의 민주적 특성은 협동조합의 모든 측면에서 또 모든 단계에서 확보되어야 한다.

⑤ 경제적으로 효율적일 뿐만 아니라 사회적으로도 영향력있는 협동조합이 새 시대에 가장 환영받을 것이다.

⑥ 협동조합과 국가의 상호작용은 예견되는 장래에 훨씬 증가하고 강화될 것이다.

한국 대통령의 길道

⑦ 장래의 협동조합조직의 발전은 각국 경제에서 결속력있는 부문으로 건설될 때만이 보장될 수 있을 것이다.

⑧ 장래의 세계 협동조합운동은 광범위한 부류의 사상을 허용하는 여지가 있어야 한다.

레이들로 박사는 협동조합의 약점과 결함을 밝히고 협동조합이 어떤 점에서 약속한 것과 기대에 못 미치고 있는 것인지를 지적했다. 협동조합이 21세기까지 운동으로서 또 사업체로서 보다 탄탄한 협동조합으로 나아가기 위한 개선과 진보를 위하여 다음과 같은 메시지를 전하고 있다. 조합원의 결의, 민주적 참여, 교육의 경시 현상 극복, 메시지 전달, 협동조합의 이미지, 전문가와 비전문가, 국민적 과제와의 관련, 협동조합과 빈곤층, 고용주로서의 협동조합, 협동조합간의 연대, 국제적 개발에 대한 대응 등.

레이들로 박사가 제시한 협동조합의 선택은 다음과 같다.
제1우선 분야-세계적 기아의 극복
제2우선 분야-인간적이고 생산적인 일자리의 마련
제3우선 분야-보전자사회the Conserver Society를 위한 협동조합
제4우선 분야-협동조합에 의한 지역사회의 건설

위 분야에서 필자의 관심이 가장 끌리는 부문은 제4우선 분야로 그 내용을 살펴보면 다음과 같다.

(1) 세 가지 확실한 사실

첫째, 미래의 세계는 주로 도시로 구성되어 있을 것이다. 21세기 경제에서 협동조합이 중요한 역할을 수행하고자 한다면 도시와 농촌 쌍방의 주민을 위한 사업을 운영해야 할 것이다.

둘째, 협동조합이 미치는 영향에 관한 것이다. 현재의 지배적인 경제제도와 사회질서에 실질적 변화를 일으키려 한다면 농촌의 다목적 협동조합형이 아니고서는 어떠한 종류의 협동조합도 단독으로는 불가능하다. 농촌의 다목적협동조합도 하나의 조합이 아니라 각종 서비스를 하나로 결집시킨 복합체로 보아야 한다.

또 근본적인 변화를 일으킬만한 큰 영향력을 가진 키부츠와 같은 협동조합형태도 있으나 이것은 특수한 예로서 보편적으로 받아들여질 것 같지는 않다.

셋째, 플래닝planning과 이것의 조직화에 관한 것이다. 즉, 어느 단계에서 계획이 수립되고 조직화되어야 하는가에 관한 것이다.

(2) 협동조합에 의한 지역사회
The Cooperative Community

협동조합의 위대한 목표는 드넓은 도시내에 수많은 지역사회를 세우고 마을을 창조하는 것이어야 한다. 많은 사회적 경제적 필요와 접목하여 지역사회 창조라는 종합적인 효과를 발휘하게 될 협동조합의 조직을 만들 수 있을 것이다. 모든 종류의 협동조합은 이웃사람들이 안으로 눈을 돌려 자신들이 가지고 있는 자원을 발견하게 하고 요구되는 서비스활동을 시작하도록 하는 효과를 발휘할 것이다. 공통의 이해와 필요를 가진 사람들의 자조自助라는 협동조합의 이념은 도시지역을 함께 결속시켜 지역사회로 탈바꿈시키는 사회적 접착제 역할을 할 수 있을 것이다.

협동조합에 의한 지역사회로 느껴질 만큼 도시인들에게 강한 영향력을 주기 위해서는 일본의 다목적 종합 농협과 같이 종합적으로 접근해야 한다. 종래의 소협으로서는 불충분하다. 왜냐하면 도시인들을 여러 가지 측면에서 돌봐 줄 수 없기 때문이다. 도시인들에게 필요한 다양한 욕구를 충족시켜줄 수 있는 협동조합의 복합체 전체가 발전해 감에 따라서 생활과 노동의 환경, 안정적 소득과 건강을 동시에 충족시켜주는 이상적인 협동조합으로 발전되어갈 것이다.

레이들러 박사가 제시한 '협동조합인cooperators'이 직면하고 있는 주요한 문제점' 중 가장 인상적인 내용은 다음과 같다.
장래의 발전을 인도할 지도자는 어디에 있는가?
① 협동조합조직은 그 특성으로 인해 고용된 전문직원과 함께 조합원 중에서 선출된 비전문가 지도자가 반드시 요구된다. 향후 20년 동안에는 유능한 지원자가 많이 나와서 그들이 자도자의 위치에 설 수 있는 길을 우선적으로 열어주어야 할 것이다.
② 단지 협동조합의 성공을 위해서가 아니라 새로운 종류의 사회를 건설하는 일을 추진하기 위해서는 강력한 조합원 지도자집단 ─남성만이 아니라 여성을 포함한─ 이 있어야 한다.

가장 훌륭한 지도자들은 협동조합 그 자체를 목적으로 보지 않으며 보다 좋은 사회질서로 나아가는 하나의 수단으로 간주할 것이다. 그리고 일반 조합원의 관심사가 무엇이며 어떻게 충족시켜줄 수 있는 것인가를 끊임없이 탐구하고 추구해 나가게 될 것이다.

③ 협동조합의 질質은 최상급의 지도자가 지도하고 있느냐의 여부에 달려있다고 해도 과언이 아니다. 1급 지도자는 반드시 초인超人일 필요는 없으며, 그룹이나 팀에서 다른 사람과 책임을 함께할 수 있는 민주적인 지도자를 말한다. 1급 지도자는 함께 협력하여 일을 추진할 수 있는 1급의 인물들을 끌어 모을 수 있지만 2급의 지도자 주위에는 지시에 따라 일하는 3급의 인물들만이 모이게 된다고 한다.

④ 비전문가 지도자의 훈련과 양성을 위하여 교육기관이나 평생교육과정에 가입된 협동조합이 그렇지 않은 협동조합조직보다 유리할 것이다.

그 외의 항목으로 '협동조합은 미래에 어떠한 연관성을 가지는가?'에 대한 주요 내용은 다음과 같다.

① 현대경제의 가장 두드러진 경향의 하나는 거대기업과 거대정부라는 두 개의 가장 강력한 조직이 결합하는 방향으로 진행되고 있다는 것이다. 일반시민에게 남겨진 유일한 대안은 그들 자신의 집단, 특히 협동조합을 만드는 일이다.

② 인생에 있어서 한 사람 한 사람의 개인보다 더 소중한 것은 없다. 그러나 개인들은 자신들의 개성이 군중속에 함몰되어

말살되어가는 것을 막고 구제하기 위하여 집단을 필요로 한다는 점을 우리들 각자는 자각하게 될 것이다. "사교성이 결여되어 있는 종種은 멸종할 수 밖에 없는 운명"이라고 페터 크로포트킨Peter Kropotkin은 저서 「상호부조론」에서 설파하고 있다. 장래에 생존을 위하여 중요한 생활단위는 지역사회라는 그룹일 것이다.

③ 공포스러울 정도의 기업권력의 시대에 협동조합적 방법이야말로 다수의 대중이 법인권法人權을 행사하고 그 혜택을 받을 수 있는 유일한 수단이다. 더욱이 협동조합적 방식은 서로에게 희생을 강요하지 않고 이루어진다.

④ 영국의 경제학자 알프레드 마샬은 "보다 차원 높은 협동조합운동을 하기 위하여 세계는 지금 준비를 갖추어 나가고 있다."라고 말하였다. 오늘날 여러 경향을 살펴볼 때 우리는 상당한 확신을 갖고 이 견해를 받아들이게 된다.(중략)

과연 협동조합 역사의 새로운 장을 열어 놓은 대가의 메시지라는 생각이 들고 가슴벅찬 감동을 느낀다. 필자는 그간 소상공인 협동조합 컨설턴트 일을 하면서도 이처럼 심오하고 뜨거운 인간애가 느껴지는 협동조합의 철학과 사상, 이념을 알지 못했으므로 송구스러운 마음이다. 그러나 코로나19 대유행의 장기간 지속과 제4차 산업혁명의 가속화 등으로 일자리를 잃은 베이비 붐 세대의 수많은 실직자 또는 은퇴자들이 생업 현장으로 몰려들면서 과당 경쟁이 심화되고 있는 한국의 소상공인 · 자영업자들의 활로에 도움이 될 수 있지 않을까?

만일 협동조합에서 '조합원이 시골 벽지 또는 해외에 진출할 경우에는 일정기간 동안 안정적인 매출이 달성될 때까지 기본소득을 조합에서 보장'하는 제도를 정부와 함께 추진한다면, 한국의 호떡·떡볶이 등 자영업이 해외로 몰려가게 되고 그 영향으로 새로운 한류韓流가 지구촌에 흘러넘치게 될 수도 있을 것이다. 아울러 수 년동안 어렵고 힘든 가운데 상가 또는 상권을 활성화시켜 놓으면 임대료가 폭등하여 쫓겨나는 젠트리피케이션gentrification 현상을 공동체 발전의 시각에서 임대인과 임차인이외에 공동체 구성원들이 함께 참여하여 객관적이고 공정한 임차요율로 조정하고, 도시의 단절된 개인들을 연결시켜 지역사회를 활성화시키며 일상생활과 소득창출이 가능한 '(지역별·영역별)공동경영협업체(복합체)'가 제3의 협동조합의 모델로 형성될 필요가 있다는 생각을 갖게 되었다.

한국 대통령의 길道

4. 자본주의 한계 극복의 길

이제 인류는 자본주의의 모순과 한계·폐해를 극복할 수 있는 정신체계로서의 새 철학·사상·이념을 찾아야 한다.

필자는 '인도적 공조共調주의'를 주창하고 있다. 그 구체적 내용은 무엇인가?

인류 공동의 자산인 천재적 인재들이 연구·개발한 AI, 드론, 메타버스 등이 제4차 산업혁명의 가파른 진행으로부터 창출되는 막대한 부가가치와 함께 노동력의 절감(실업자 증가)으로 더욱 큰 수익을 얻게 되는 현재의 자본주의의 모순과 불공정한 상태를 수정하고 보완하여 사회 공동체의 공생적 발전과 조화적 배려로 인간완성이 가능한 세상을 만들자는 것이다.

히틀러는 나치즘Nazism이라는 잘못된 사상·이념으로 제2차 세계대전을 야기했으며, 약 600만 명의 유대인을 가스실에 넣어 죽였으며, 제2차 세계대전을 일으켜 수 천만 명의 사상자가 발생했다. 공산주의 이념에 사로잡힌 구舊 소련의 스탈린은 약 1,000만 명, 중국의 모택동은 약 600만 명, 북한의 김일성은 약 400만 명, 캄보디아의 폴포트는 약 300만 명의 킬링필드killing-field를 자행한 인간들이다.

그렇다면 공산주의를 이겼다고 자만하는 자본주의는 어떠한가? 자본주의가 주도하는 현재의 지구촌은 전쟁과 내란·테러 등 폭력이 끊이지 않고 있으며, 거리에는 노숙자와 창녀·절도범 등 각종 범죄가 꼬리를 물고 있다. 지구촌 전체에서 부익부 빈익빈의 양극화가 심화되면서 배고픔과 패배감에 사로잡힌 자들의 자살이 얼마나 많은가!

한국은 2019년도에 하루 평균 36명이 자살했다. OECD국가 중 교통사고 사망자와 함께 최고수준이라고 한다.

왜, 그토록 자살자가 늘어가는가?

'살기가 팍팍해서', '취업이 안돼서', '입시 스트레스 때문에' 등등. 이유와 사연은 다양하겠지만 그만큼 살기 힘든 사회라는 반증이 아닐 수 없다.

몇 년 전에 60대 중반의 한 노인이 지하철 안에서 불을 지르려고 시도(?)하다가 체포됐다. 자칫 수백 명의 희생자를 낸 대구 지하철 화재사고의 재판再版이 될 뻔한 사건이었다. 그런데 그 범죄의 이유와 동기는 '교도소에 가려고…(?)'였다. 교도소에 가면 추위를 피하며 밥을 먹고 잠을 잘 수 있기 때문이었다.

그렇다! 이제 사회 공동체의 핸들을 잡은 정부는 범죄자가 아닌 선량한 시민에게도 '교도소의 혜택(?)'을 베풀 수 있는 방법을 찾아내야 한다. 인구감소를 우려하여 신생아 출산에 많은 예산을 투여하는 것 못지않게 자살이나 안전사고, 범죄의 희생자가 되어 노동력이 상실되거나 사장死藏되는 것을 막는 지혜가 더 중요하다. 말하자면 '생산노동력 총량제' 실시를 검토하고, 기존의 폐해를 극복할 수 있는 정신체계로서의 새 이념을 찾아야 한다.

　몇 년 전에 덴마크는 최초로 '비만세肥滿稅'를 신설했다. 어느 납세자는 병원비를 미리 내는 것이라며 웃어 보이기도 했다. 같은 날 TV뉴스는 미국 뉴욕의 월가wall street에서 '소득과 부富의 불평등에 항의한다', '월가를 점령하라'는 플랭카드를 앞세운 대규모 시위장면을 보도했다.

　어느 시위 참가자는 이렇게 외치고 있었다.

　"상위 1%만이 부富를 편식하여 펑펑 쓰고 대부분의 사람들은 생계유지를 위한 일자리도 어렵다."

　"땅은 아주 팔아 넘기는 것이 아니다. 땅은 내 것이요, 너희는 나에게 몸 붙어사는 식객에 불과하다."(레위기 25:23)

　앞으로 소유제도를 성경에서처럼 49년간 단위로 임대하여 사용하는 공유제도로 그 시행을 검토해 볼 필요가 있다. 이것은 사유재산제도의 폐해를 제거하기 위한 혁신적인 보완책이며, 모든 사람이 태어날 때와 똑같은 '기회 평등적 부富'를 소유하도록 보장하는 방법이기도 하다. 이러한 제도는 각자가 자신의 기여도에 대해 적절한 보상을 받기 때문에 결코 불공평한 제도가 아니다. 또한, 장차 남·북한 한민족이 하나로 통일될 때를 대비하는 방법이기도 하다.

　아울러 아직도 중국 등 공산주의 국가와 사회주의 이념을 가진 국가와 민족을 포용하여 지구촌 통일의 세계(연방)정부 수립을 위한 새로운 이념이 필요한 실정이다.

　나노로봇이 등장하여 인간의 의식주 문제를 해결하고 필요한 모든 물질과 서비스를 생산하여 공급하는 미래사회를 준비하기 위한 이념적 토대는 무엇인가?

필자는 '인도적 공조주의人道的 共調主義'를 제시하는 바이다. 이 것은 황금문명을 열어가기 위한 철학 · 사상 · 이념의 토대가 될 것이다.

"철학자가 왕이 아닌 이상, 왕이 철학자가 아닌 이상 인류의 모든 악이 근절될 날은 없을 것이다."(소크라테스Socrates)

5. 자영업 한류韓流를 향하여

젠트리피케이션gentrification 현상을 방지하기 위해서는 지역 공동체의 일원인 건물주–점포 임대인, 임차인, 주민대표, 각종 회사, 협동조합, 공공기관, 학교 등 모든 구성원이 참여하여 공동체의 전체를 살리는 차원에서 '경영자 시각'으로 자율적인 점포 임대료 수준을 조정하는 기능이 필요하다.

또한, 공동체를 경영의 시각에서 재편하고 D/B로 활용하는 경영적 마인드와 역량이 필요하다.

중국의 알리바바 창업주 마윈馬雲 회장은 자본주의의 꽃이라고 할 수 있는 '주식株式회사 제도'는 '종말'을 맞이했으며, '동업자同業者회사 시대'에 접어들었다고 선언했다. 그러나 '동업자'는 같은 업종에 국한되는 개념이라고 볼 수 있다.

또한, 빈부격차가 갈수록 커져가는 자본주의 시장경제는 한계에 이르렀다. 그 대안은 무엇인가?

한신대 정치철학과 윤평중 교수는 모 언론에 다음과 같은 취지로 기고했다.(조선일보, 2019.10.4.)

'… 국내적으로는 절대 빈곤 탈출의 산업혁명을 선도한 산업화 세력 보수 진영은 세계 10대 무역대국으로 성장시킨 눈부신 성공에서 온 자만의 질주로 갑작스럽게 쓰러졌다. 박근혜 탄핵은 산업화 세력과 보수에 대한 국민적 불신임을 의미한 것이었다. 시민의 촛불혁명으로 찬란하게 등장한 민주화 세력과 진보진영도 특유의 무능과 경제적 실패, 그리고 위선과 오만으로 꿍음을 내면서 무너지고 있다. 이른바 '조국 사태'의 폭주로 국민적 신망을 통째로 잃어가고 있는 것이다. 산업화와 민주화의 시효時效가 끝난 역사적 빈 공간에서 폭풍같은 정치적 · 사회적 에너지가 소용돌이치고 있다. 대한민국은 산업화와 민주화를 딛고 도약할 새로운 공화共和의 시대정신을 처절하게 열망하고 있다….'

'새로운 공화의 시대정신'은 무엇인가? 그것은 바로 '인도적 공조주의共調主義'라고 생각한다. 인간애를 바탕으로 공생共生과 조화調和를 지향하는 이념이라고 할 수 있다.

이러한 이념을 바탕으로 지역 사회의 공동체를 경영적 시각에서 접근하는 것이 바로 '골목상권공동경영협업체'(이하 "협업체"라고 함) 운동이다. 애덤 튜즈 교수가 지적한 '계층간 이동 활성화'를 가능케하는 새로운 공유경제 모델이라고 할 수도 있다.

공동체가 보유한 자원을 D/B화하여 고부가가치 창출을 지향하는 경영체이며, 공동체의 집단지성을 근거로 '계획적 플랜'을 진행할 수 있다. 이것은 기존의 협동조합차원에서는 해결할 수 없는 부동산 임차료 폭등문제를 공동체적 시각에서 자율적으로 조율하는 기능을 발휘할 수 있다.

현재 '공동경영협업체'와 유사한 개념과 제도는 '농어업경영체 육성및 지원에 관한 법규'에 들어 있다. 개별적으로 추진되어 온 귀농 및 귀어 프로그램의 한계를 극복하기 위하여 도입된 것이라고 할 수 있다. 종전의 개별적인 귀농 및 귀어 자금지원 수준을 뛰어넘어 일정 규모 이상의 공동경영체 육성지원을 위하여 해당 지자체에서는 전기·수도·도로 등 막대한 사회기반시설 비용을 부담하는 것으로 추진되고 있다.

따라서 골목상권에도 이 법규를 확대하여 적용하거나 별도의 특별법을 제정할 수도 있으며, 기존의 협동조합법에 추가하여 제3의 협동조합 모델로 규정할 수도 있을 것이다.

실제적으로는 과거 경제발전의 기본 토양이 됐던 새마을운동 모델과 각종 협동조합의 장점을 바탕에 깔고 사회적 집단지성과 정부의 막대한 재정력을 활용한 '경영능력'이 추가된 것으로 볼 수도 있다.

공동경영협업체 사령탑은 과거 경제발전 5개년 계획과 같은 골목상권 성장·발전을 위한 종합적인 마스터플랜을 기획하여 공동체의 역량과 정부 및 지자체의 맞춤형 지원으로 추진될 수 있다. 공동체 의식에 의한 자율적이고 이해관계자간의 공동선을 지향하는 민주적인 의사결정 요소가 포함된 인도적 공조주의의 '골목상권 공동경영협업체 모델'이 필요한 때라고 본다.

'골목상권공동경영협업체'의 정신은 '공유, 협동, 창조'이다. 최근에는 각종 플랫폼을 공유하면서 남거나 유휴시설을 활용하여 고부가가치를 창출하는 공유경제를 꽃 피우며, 구성원의 계층이동을 촉진하기 때문이다.

'공유'는 생활용품의 공유로부터 부가가치의 공유까지를 포함하는 것으로 통일과 변화를 함께 포용한 개념이라고 할 수 있다. '경영'은 투입과 산출을 통하여 고高부가가치를 극대화시키는 경영시스템을 의미한다. '협업체'는 개인적 차원의 자유와 창의, 소유욕을 충족하는 부富의 축적 프로세스가 상생과 협력에 의하여 집단 공동체 차원으로 승화 · 조율balance된 '협동조합 복합체'의 개념이다.

말하자면 개인의 자유와 창의, 소유욕 충족이 보장되면서도, 유기체적인 전체의 공동체적 차원에서 '견제와 균형'의 자율성이 창출되는 '유기체적 경영'의 이념과 사상, 철학이 담겨있는 개념이라고 할 수도 있다.

우리 인체는 약 70조 개 내외의 각각의 세포들이 신체의 각 기관을 유기적으로 형성하여 공유共有와 상생相生관계를 유지하면서 동시에 두뇌 속의 소수의 '의식意識세포'들에 의하여 통일적이고 다이내믹한 사고思考체계의 독립적인 인격체를 이루고 있다. 각각의 생명체인 세포는 각각의 소상공인 · 자영업체를 의미하며, 의식세포에 의하여 전체적인 통일과 조화를 지향하는 독립적인 유기체는 곧 '공목상권 공동경영협업체'를 의미하므로 '인도적 공생共生과 조화調和의 철학'이 담겨 있다.

특히, 이 협업체는 사리 판단과 의식작용을 하는 의식세포군群 역할을 수행하는 '경영본부'를 자율적으로 구성하여 운영할 수 있다. 개인은 의식세포의 수준만큼 능력을 나타내며 성장 · 발전의 동력으로 작용하게 된다. 마치 어린아이는 교육 · 훈련에 의해 의식수준이 점차적으로 향상되고, 성장 · 발전을 지향하는 것과 같다.

이 협업체는 이윤 창출을 지향하는 자본주의 시장경제의 바탕에 공유경제의 장점을 흡수 · 포용하여 자원을 집중시킬 수 있게 된다. 이것은 자본주의 시장경제의 모순과 한계를 벗어날 수 있는 길이기도 하다. 따라서 제3의 이념 · 사상 · 철학이라고 할 수 있으며, 남북통일에 대비한 북한 포용의 포석이며 세계연방정부 수립과 인류의 새로운 미래가 될 황금문명 시대의 각 민족과 종족을 조화롭게 이끌어갈 수 있는 기초 자치조직의 개념이기도 하다.

다행스럽게도 이러한 모델이 될 수 있는 '농어업 경영체 육성 및 지원에 관한 법'(법률 제16069호)과 동법 시행령 및 시행규칙에 의하여 '농 · 어업공동경영체'제도가 시행되고 있다. 핵심요지는 토지 50ha(약 15만 평) 이상과 25인 이상이 참가하며, 3개 이상의 농업회사 또는 영농법인이 참가할 경우에 정부에서 법인 또는 경영체 참가자에게 재정을 지원하고, 해당 지자체에서는 도로와 하수도, 전기 등 기반 시설과 보건소, 행정기구 등 공공재를 지원하는 제도이다.

이 제도는 이스라엘의 기적을 낳은 '키브츠^{Kibbuts}와 모샤브^{Moshav}' 제도를 벤치마킹하여 탄생되었다고 할 수 있다. 이제는 그 범위를 넓혀서 소상공인 등 골목상권의 문제해결에 활용할 필요가 있다. 물론 농 · 어업과는 다른 소상공인의 특성과 생태 · 환경 등을 감안하여 다음과 같이 접근해야 할 것이다.

첫째, 소상공인 등 골목상권의 공통 목표와 과제를 발굴하고, 구성원 전체차원에서 해결해 나가기 위한 전략적 기획과 시행·운영 관리 능력으로 경쟁력과 경영성과를 창출하는 경영능력을 가진 '경영 인재로 구성된 경영본부'가 확보되어야 한다.

이러한 경영주체는 공동체 또는 개인, 회사법인 또는 협동조합 법인, 단체 등이 될 수 있으며, 구성원과의 소통을 위한 네트워크를 만들고 운영할 수 있어야 한다.

그러나 가장 바람직한 것은 다수의 각개 소상공인 등 골목상권 구성원들이 같은 배에 탔다는 공동체 의식을 바탕으로 '골목상권 공동경영협업체'를 구성하여 자발적이고 주체적으로 활동하는 것이다. 각개 무한 경쟁구도에 얽혀있는 소상공인들의 공통 목표와 과제를 도출하여 해결방안을 찾아 나가며, 젠트리피케이션 현상을 예방하고, 막대한 자금력을 가진 대기업과 세계의 다른 도시의 공목상권과 경쟁할 수 있는 경쟁력 창출이 가능한 경영주체여야 한다.

둘째, '골목상권 공동경영협업체'의 구성원은 소상공인·자영업자 뿐만 아니라 건물주(임대인 포함)와 지역주민 대표, 소비자단체, 대학 등 교육기관, 예술단체 또는 예술분야 전문가, 관광공사, 토지주택공사, 지자체 등 다양한 구성원들이 참여할 수 있어야 한다.

소상공인 문제해결의 기본 방향은 소비자 편익 제고와 소비자로부터 선택을 받을 수 있는 상권 전체의 경쟁력이며, 여기에는 건물주도 예외일 수 없기 때문이다.

지역주민 대표와 소비자단체 대표에 의해서 생활형 점포의 종류와 적정 수효가 자율적으로 조정·관리될 수 있다. 건물주의 참여로 적정 임대료가 자율적이고 안정적으로 조정·관리될 수 있다. 대학 등 교육기관의 참여로 교수와 창업을 희망하는 학생들이 골목상권을 근거지로 하여 로컬 크리에이터로 활동하거나 스타트 업, 상인의 후계자로 진입할 수 있는 장^{field}으로 연결될 수 있다.

최근 백화점은 유아 대상의 키즈 카페를 개설하거나 각종 학원을 건물내에 유치하여 학부모를 끌어들이는 전략을 구사하고 있다. 예술단체 또는 예술방면 전문가 등이 참여하여 소비자·고객들이 먹걸이·볼거리·놀거리 등으로 유동인구를 흡입할 수 있으며, 국내외 관광객을 불러 들일 수 있다.

한때 골목상권의 기린아였으나, 임대료 급등과 젠트리피케이션 등으로 추락한 서울 이태원 경리단길, 이곳에 처음 들어선 '제1회 경리단길 아트 & 디자인 페어'의 가장 큰 특징은 거리 곳곳의 공실을 정돈해 팝업 전시장으로 꾸민 점이다. 서울 북촌에서 경리단길로 갤러리를 옮긴 인터아트 채널이 주도해 2019년 9월 20일 개막한 이 페어는 '죽어가는 상권을 미술로 살린다'는 취지에서 비롯됐다. 골목상권을 관광특구로 지정하고 국내외 관광객들이 몰려들 수 있는 관광문화시설과 자원, 프로그램을 문화관광부를 비롯한 관광공사, 문화 예술계에서 적극 참여할 수 있도록 해야 한다.

토지주택공사·도시주택공사와 지자체는 골목상권의 점포를

협업체가 매입 또는 재개발 등을 통하여 확보한 후 상인들에게 임대하는 제도를 뒷받침하는 방안을 적극 검토해 나가야 한다. 물론 해당 지자체와 국토부 등 중앙정부의 정책적 지원이 선행되어야 한다.

현재 제도적으로 주택매입지원과 전세금 대출제도 등을 지원하는 것처럼 상가·점포 매입과 임대 지원제도가 공동경영협업체 중심으로 마련되어야 한다. 그리고 선진국의 경우와 같이 전세보증금을 없애고 적정한 임대료로 창업할 수 있는 제도적 장치를 마련해야 한다.

특히, 국토부와 지자체는 도시재생사업을 골목상권 공동경영협업체와 긴밀히 협력하고 지원하므로써 상호 윈-윈의 관계로 발전시켜 나갈 수 있어야 한다. 도시재생사업의 핵심은 구舊도심권과 골목상권의 활성화가 핵심 관건이기 때문이다.

셋째, '골목상권공동경영협업체'의 역할과 기능의 제도화가 필요하다.

공동체 구성원들의 요구사항을 수렴하고 체계적으로 정리하여 정부와 지자체의 도시재생사업 등과 연계 된 종합적인 발전계획을 수립·시행하며, 운영을 지원하고 관리하는 역할이 정립되어야 한다.

예를 들어서 살펴보자. 서울 종로구 광장시장廣藏市場은 서울 종로구 예지동 6-1에 위치한 시장으로, 100여 년의 역사를 지닌 대한민국 최초의 상설시장이다. 광장시장은 조선 후기 서울의 3대 시장으로 손꼽혔던 역사적 시장으로, 1905년 시장개설허가

당시는 동대문시장이었으나 1960년대 이후 광장시장으로 명칭이 바뀌었다가 2010년 부터 '종로광장전통시장'으로 명칭되었다. 규모는 대지 약 4만 3,000㎡, 건물면적 약 8만 5,000㎡, 점포수 약 5,000개 규모로 종사자만 약 2만 명에 이른다.

시장의 주거래 품목은 한복, 직물(주단, 포목 등), 의류, 침구, 수예, 자수품, 커튼류, 폐백용품 상점가와, 농수산품, 공산품, 축산품, 반찬류의 상점가, 구제품 상점가 그리고 근래 해외 관광객들에게 많이 알려진 먹거리장터다.

한복, 직물(주단, 포목) 등 상점은 종로4가 방향(세운상가 쪽)에서 5가 방향으로 오면 4거리 코너에 광장시장이란 큰 아취가 보이고 시장 초입부터 주단 포목 상점이 있다. 종로5가 쪽에서는 먹거리장터에서 종로4가 방향 시장 통로를 쭉 따라가면서 연결된다.

광장시장의 위치는 서울 지하철 1호선의 종로5가역 8번 출구, 지하철 1호선, 3호선, 5호선의 종로3가역 12번 출구 및 지하철 2호선, 5호선의 을지로4가역 4번 출구에서 100m 정도 떨어진 위치에 있다.

현재 광장시장으로 소비자·고객을 불러들이기 위해서는 주차장 시설과 상가·점포를 깨끗하고 쇼핑에 편리하게 하는 각종 시설과 고객지원 시스템이 필요하다. 따라서 저층에 위치한 기존의 전통시장과 점포를 유지하기 위하여 약 5층 내외의 일정 높이까지 텅 비우고 그 이상의 공간 층을 활용할 수 있다. 따라서 가능한 50층 내외로 고층화하고 순차적인 건설을 위하여 몇 개동으로 나눠서 건축하되 모든 건물이 지하 또는 상호 연결통로를 설치하는 아이디어를 생각해 볼 수 있다. 이러한 역할은 광장시장 소상공인·자영업체가 공동 경영협업체를 구성하여 마스터플랜을 짜는 일에서부터 시작된다.

저층 위주의 광장시장 옆 청계천 산책로에서 곧바로 진입할 수 있도록 하여 청계천 관광객들을 끌어들이는 통로로 활용하는 방안도 생각해 볼 수 있다. 물론 지하의 여유 공간을 확보하여 주차장, 물류시설 등의 부지로 활용할 수도 있을 것이다.

지금은 철강 골조를 조립하는 방식의 건축기술이 고도로 발전되었으므로 가능한 구간별로 단계적으로 단기간에 건축이 가능할 수도 있다. '광장시장 공동경영협업체'에서 주관하여 건축에 필요한 부지는 정부·지자체에서 제공하고, 건축과 시설에 필요한 재원은 국토부·지자체와 협의하여 도시재생사업의 일환으로 추진하거나, 건축비용을 빌려주는 방식으로 추진할 수도 있다.

주변의 종묘·동대문·청계천 등의 관광문화시설과 연계된 지하 내부 순환 통로 및 지상의 모노레일을 설치하여 운영한다면, 현재보다 몇십 배 이상의 국내외의 관광객을 유치할 수 있다. 고층 건물의 공간을 활용하여 상인 후계자 양성을 위한 교육·훈련시설을 설치하고, 가능한 주변 대학과 연계한 스타트 업 창업 보육시설을 설치하여 고객층을 두텁게 할 수도 있다. 초고층 빌딩의 일부는 주거시설로 하여 광장시장 상인들에게 우선적으로 분양한다면, 장사하기가 훨씬 수월하게 된다. 피곤할 때에는 집에 가서 휴식을 취할 수도 있으며, 여유 공간에 각종 건강기구와 시설을 설치하여 상인들의 건강관리와 삶의 여유를 찾게 만들 수 있다.

이런 방식으로 골목상권과 전통시장 등을 리모델링하고 재개발한다면 그야말로 쇼핑과 관광·스타트 업의 요람이 되며, '활발한 계층 이동 사다리를 갖춘 공동경영협업체'로 새로운 대한민국의 성장 동력의 모델이 될 것이다.

'골목상권 공동경영협업체'는 정부기구가 아닌 법률적·제도적 자치기구이며 민간 영역이다. 물론 민관民官이 긴밀하게 연계된 제3섹터라고 할 수도 있다. 그러나 기본방향은 경쟁력 확보를 통한 고부가가치 창출과 시장경제 원리를 바탕으로 공동체의 문제 해결을 지향하고 있다.

과거 한국경제 개발의 초석이 되었던 새마을운동(근면·자조·협동 정신을 바탕으로 한 지역발전 모델)과 협동조합의 장점에 주식회사의 경영자CEO 역할을 수행하는 '경영시스템과 사령탑'을 얹어 한 차원 더 업그레이드하여 포용하는 면도 있다.

따라서 개발도상국에 전파되고 있는 '한국형 새마을운동'과 함께 '골목상권 공동경영협업체' 모델은 선진국형으로 발전시켜 나갈 수 있으며, 새로운 '자영업 한류韓流'가 형성될 수 있다. 아울러 사회주의와 공산주의의 특성이라고 할 수 있는 사회성과 집단성도 일부 포함되어 있다고 볼 수도 있다. 그래서 앞으로 남북통일이 된다면 북한 체제에 길들여진 주민들을 공동 경영협업체에 편입하여 자율적인 자치기구로 발전해 나갈 수 있는 잠재력도 갖추고 있다고 본다.

아울러 세계(연방)정부 수립으로 지구촌 통일이 됐을 때, 각 민족과 종족이 각자의 특성에 맞는 (지역별·영역별)공동경영협업체를 만들어 자율적으로 운영하며 조화를 이뤄나갈 수 있는 도구로 활용될 수도 있다. 미국의 최대 난제로 꼽히는 '흑백인종갈등'의 해결방안으로 활용될 수도 있다.

우선 '골목상권 공동경영체'는 '골목상권 자본론'과 연계하여, 젠트리피케이션 등 얽히고 설킨 난제 중의 난제로 여겨지는 소상공인·자영업 문제해결의 방법론으로 정착되어 존재감을 인정받는 것이 급선무이다.

따라서 필자는 (가칭)'골목상권 공동경영협업체육성 및 지원에 관한 법규'가 제정되어야 한다고 본다. 전문가 그룹과 정치권과 행정부 또는 학계의 진지한 검토와 연구과정을 거쳐서 법제화를 촉구한다.

제3부

'한국의 꿈夢'은 없는가?

1. 한국인의 꿈

 나는 한국인이다. 나는 꿈을 꾼다. 그러므로 나의 꿈은 '한국인의 꿈'이다. 그 꿈에 대한 국민적 공감대가 조성될 때 마침내 국가 차원의 '한국의 꿈'으로 승화·합류할 수 있으며, 동시에 '한민족의 꿈'이 될 것이다. 나는 왜 '꿈'을 꾸고 있는가? 그 내용은 무엇인가?

 중국의 시진핑 주석은 2017년도에 제19차 중국공산당 대회에서 2050년에 G1에 등극하는 '중국몽夢' 실현을 선언했다. 시진핑 주석은 북핵에 대응하기 위한 한국의 사드THAAAD(고고도미사일방어 체계) 배치를 트집 잡아서 국제규범에 어긋나는 경제보복 조치를 한동안 자행했으며, 아직도 그 앙금은 남아있는 상태라고 볼 수 있다. 이른바 '좌이모상이揣摩上意' 전략적 방법으로 계속해 나갈 속내이다.

 2017.12월 중순에 한국의 문재인 대통령 방중 때에는 홀대와 결례, 기자 폭행까지 자행하고도 진실규명이나 사과는 일언반구도 없었다. 이른바 역사침탈의 '동북공정東北工程' 바탕 위에서 한

국민을 깔보고 모욕과 경멸, 테러(?)를 서슴치 않은 것이다.

　이웃 일본은 '전쟁을 할 수 있는 일본'으로 개헌을 추진하고 있다. 제4차 산업혁명의 핵심이라고 할 수 있는 블록체인 기술 기반의 암호화폐를 세계에서 가장 먼저 제도권에 흡수했다. 일자리는 많은데 일할 사람이 부족할 정도로 경제의 활력을 되살려 내는 등 신新부국강병책으로 '대동아 공영권-아시아의 맹주'로 다시 올라서는 플랜을 착실히 진행하고 있다.

　미국의 바이든 대통령은 전임 트럼프 정부가 추진했던 '미국 우선주의'를 강행하고 있다. 트럼프 정부 때 주한 미국 대사로 내정됐다가 철회된 한국계 빅터 차 교수는 트럼프 미 행정부가 검토했던 대북 군사 옵션 '코피bloody nose작전'에 대해 다른 의견을 밝혔기 때문에 낙마한 것으로 알려졌다.

　빅터 차는 대사 임명을 위한 백악관 면접에서 '코피작전'은 지하 깊은 곳에 감춰져 있는 북한의 '진짜' 핵·미사일 시설은 제거할 수 없으며, 북한이 보복에 나설 경우 한국에 있는 미국 국민 23만 명을 위험에 빠뜨릴 것이라며 반대했으며, 한·미 FTA 폐기 위협도 시장경제질서에 반反하며 미국 소비자의 권익을 침해하므로 반대한 것으로 알려졌다. 양식있는 지성인으로써 당연하며 올바른 지적이다.

　오바마 행정부의 헤이글 전 국방부장관은 "(코피작전은)수백만 명의 목숨을 건 도박"이라고 지적했다. 최근에는 미-중 신냉전 시대가 전개되고 있다.

　두 나라는 무역을 두고 치열하게 싸우면서 대만을 놓고 대립하고 있다. 중국은 대만을 언제든 무력 통일하겠다고 공언하고, 미국은 좌시하지 않겠다는 입장이다. 아직은 전운이 감돈다고 할 수 없으나 대만은 언제든 세계의 화약고로 돌변할 수 있는 지정학적 위치이다. 중국 바로 턱밑에 있으니 미국이 첨단무기를 배치하면 치명적인 상황에 놓일 수 있기 때문이다.

　한국은 무엇을 어떻게 해야 되는가?

　우선 무엇보다도 국민이 공감하고 따를 수 있는 한국의 비전과 꿈, 그리고 전략의 제시가 있어야 한다. 북한의 핵무기를 쓸모없게 만들 수 있어야 한다. 그리고 북한을 우리의 손바닥 위에 올려놓고, 우리가 원하는 방향으로 이끌어갈 수 있는 국가적 전략이 있어야 한다.

　또한, 오만한 중국을 '한국의 꿈' 안으로 끌어들여야 한다. 우리는 최초의 세계연합국 체제의 옛 환국桓國의 후손이라는 사실을 깨닫게 할 수 있는 '한국의 꿈'을 제시해야 한다.

　제2의 한국전쟁을 야기할 미국의 선제공격을 제어할 수 있어야 한다. 역사적 과오를 제대로 반성하지 않으며, 독도 침탈(?)의 길을 지속하고 있는 일본이 스스로 반성하며 우리에게 매달리도록 만들 수 있어야 한다. 세계인을 매료시키는 한국의 소상공인 · 자영업의 글로벌 진출을 통한 새로운 한류韓流와 함께 제4차 산업혁명을 선도할 수 있어야 한다. 아울러 지역사회의 발전과 지역민의 경제적 자립을 지향하는 자치적인 '골목상권 공동경영협업체' 운동의 선도로 남북통일은 물론 세계통일 시대의 자치적 기초단위의 사회조직체를 확산시켜 나가야 한다.

　이것이 바로 '한국인의 꿈'이다. '위기는 곧 기회다.'라는 말이 있다. 북핵·미사일 위기를 극복하기 위한 전략을 잘 세우면 국운 상승과 지구촌의 주역으로 인류역사를 선도해 나가는 호기로 만들 수 있다. 마찬가지로 주변 4강의 여건과 장단점 등을 잘 활용하면서 제4차 산업혁명을 성공적으로 완수한다면 한국의 위상은 반석 위에 우뚝 올라설 수 있다.

차제에 본질적으로 북핵·미사일문제의 해결책을 찾아야 한다. 그것은 '핵무기의 무용지물화無用之物化 전략'이라고 할 수 있다. 사실 따지고 보면 북핵만이 위험한 것이 아니라 지구촌에 쌓여 있는 모든 핵무기가 위험하므로 무용지물이 되어야 한다.

'한반도의 비핵화'는 '지구촌 세계의 비핵화'와 병행되는 방안이 바람직한 것이다. 그것은 국가간 안보 걱정이 사라지는 세계질서를 만들어 내는 것이다. 그것이 바로 '세계(연방)정부' 수립이다.

기존의 기득권을 지키고 더욱 확대하려는 주변강대국들은 새로운 세계질서의 탄생을 적대시하고 저지하려 들 것이다. 그러나 역설적으로 북핵·미사일 위기가 강대국들의 횡포와 독선을 막아 주는 방패막이(?) 역할로 변질될 수도 있다. 어쩌면 북한 김정은 위원장은 기독교 탄생에 필요한 악역惡役을 수행했던 '배신자-유다'와 같은 존재가 아닐까…? 아무튼 우리는 이 기회를 잘 활용할 필요가 있다.

세계(연방)정부 수립은 지구상에 국경선과 휴전선의 존재 의미를 사라지게 만드는 것이며, 모든 국가간에 안보 걱정이 없어지는 지름길이다. 그것은 핵무기 등 대량살상 무기를 필요 없게 만드는 것이다. 아울러 막대한 국방비 재원을 활용하여 인류의 식량·질병 등의 고질적인 문제를 해결하며, 복지증진과 함께 과학기술의 획기적인 발전을 위한 재원으로 활용되어야 한다.

차제에 한국은 '세계(연방)정부의 비전'을 선포하고 이를 실현시킬 수 있는 전략과 로드맵을 제시해야 한다. 이것이 바로 '글로벌상생홍익弘益 리더십'이다.

아울러 한계에 이른 자본주의의 폐해를 극복할 수 있는 철학과 사상이 필요한 때이다. 모든 인간이 의衣 · 식食 · 주住로부터 해방되는 이념이 제시되어야 한다.

필자가 제시하는 '한국인의 꿈'은 '중국 몽夢'을 초월하고 세계인을 포용하여 인류구원으로 이끄는 것이다. 북핵 위기의 가장 큰 피해자인 한국이 '세계(연방)정부 수립' 구상을 선언하고, '글로벌상생홍익弘益 리더십'으로 선도해 가는 방향을 제시하는 리더십이다.

제20대 한국 대통령은 필자가 제시하는 '한국인의 꿈'을 계기로 국가차원의 '한국의 꿈夢'으로 키우고 가다듬고 목표와 전략, 로드맵을 제시하는 방향을 찾아야 한다.

차제에 북핵은 물론 미 · 중 · 러 · 프 · 영 등 핵 강국들이 보유하고 있는 가공할 핵무기들을 스스로 폐기해 나가도록 만드는 새로운 세계질서를 창출해야 한다. 안보 걱정이 없는 국제안보 환경이 만들어 진다면 핵무기를 비롯한 대량 살상무기는 더 이상 필요없는 쓰레기가 될 것이기 때문이다. 과연 안보가 걱정없는 국제안보 환경을 만들 수 있는 방법은 무엇인가?

그것은 바로 현재의 유럽 연합EU를 세계연합WU: World Union으로 확대 개편하고, 더 나아가 세계(연방)정부WG: World Government로 발전시켜 나가는 것이다.

세계정부 수립과 운영을 선도하는 전략은 곧 북핵 · 미사일 위기를 슬기롭게 극복하기 위한 '한국의 외교안보 전략'이 될 수 있다. 그리고 한반도 주변의 미·중·일·러 4강을 비롯한 유럽 등을 한 손에 움켜쥐고 글로벌 외교안보 전략으로 흡인력을 발휘할 것이다.

이 과제는 당장 한국의 생존을 위해서 시급히 추진되어야 할 과제이다. 물론 과중한 국방비 부담으로 휘청이고 있는 미·중·러를 비롯한 세계 모든 나라에 유익하고 절실히 필요한 것이다. 따라서 시간이 흐를수록 세계인들은 박수갈채를 보낼 것이며, 새 황금문명의 여명이 밝아오게 된다.

2. 북한 인민과의 동행 전략

북한에 살고있는 2,000만 명의 동포들을 구제하기 위한 전략이 하루속히 마련되어야 한다. 북한의 나진 · 선봉－중국의 장춘－러시아의 연해주를 묶는 '지구촌 신新공급망 기지' 건설 프로젝트를 검토해 볼 수 있다. 이 프로젝트를 한국이 선도한다면 한국경제의 탄탄한 전진기지를 확보하면서 북한 · 중국 · 러시아를 마치 블랙홀처럼 끌어들이는 흡입력을 나타낼 수 있다.

'한 · 중 해저터널 프로젝트'와 '동해안－블라디보스톡 열차 페리호' 프로젝트도 구상해 볼만한 것이다. 이것은 중국과 러시아를 한국편으로 끌어들여서 북한에 압박을 가하는 역할도 맡게 될 것이다.

아울러 민간단체에서 추진하고 있는 한반도 비무장지대DMZ를 동서로 관통하는 '한반도 동서東西운하 프로젝트'도 검토해 볼만 한 것이다. DMZ일대를 동서로 관통하는 운하와 고속도로로 개발하여 '한 · 중 해저터널'과 '북극항로'로 연계하는 것이다. 중국 선박들은 황해를 거쳐서 이 운하를 통과하여 북극항로를 이용할 수 있다면 중국의 일대일로一帶一路는 저절로 우리의 품안으로 들어오게 된다.

또한 동해의 맑은 물을 황해로 흐르게 하므로써 맑은 서해로 해양 환경을 개선할 수도 있다. 무엇보다도 혹시 모를 북한의 남침용 땅굴을 확실하게 차단하면서 만일의 경우에는 남침 저지선으로 활용하며 전략자산의 동 · 서 이동에 획기적인 해로海路로 이용될 때에는 전략적 가치는 매우 높고 요긴하게 활용될 것이다.

이 지역 일대가 관광특구로 개발된다면 금강산 수정봉에 올라서서 끝없이 펼쳐진 동해의 맑고 푸른 지평선을 바라보는 장관은 세계적 명소가 아닐 수 없으며, 세계의 관광객은 넘쳐날 것이다. 그러나 가장 역점을 두고 지향할 점은 한국 또는 남 · 북한이 공동으로 '세계(연방)정부수립의 선도'와 함께 'DMZ 및 금강산 일대를 세계정부의 청사 부지 및 세계평화공원'으로 지정하고 특별자유경제지역으로 지정하여 공동으로 운영하는 것이다. 이것은 한반도가 세계의 중심이 되고, 한민족이 인류전체를 새 황금문명으로 인도하는 사명을 완수하는 정치 · 경제의 중심지로 가는 길이다.

따라서 혼돈의 시대에 한반도의 남쪽에서 인류의 이정표가 될 메시지로 세계의 모든 나라와 민족을 생명의 길로 인도하게 될 인물이 나타날 것이란 예언이 현실화 될 것이다.

– 만국활계萬國活計 남조선南朝鮮 환도공회桓道公會 –

3. 내 손바닥에 지구地球를 올려 놓으라

    우리는 역사적으로 933회의 외침을 받았다. 한반도는 구舊한 말에 중주국을 자처하는 청淸과 대륙진출을 노리는 일제가 충돌하여 청·일 전쟁터가 되었다. 전쟁에서 승리한 일제는 부동항을 찾아 남진하는 러시아를 러·일 전쟁의 승리로 제압했다. 전쟁터의 참혹한 피해자는 우리 한민족이었다.

    도대체 이 땅의 민중은 왜 이렇게 처참한 삶을 살아야만 했을까…? 풍수지리학에 밝은 전문가들은 한반도가 지구에서 가장 살기 좋은 온대지역에 위치하여 대륙과 연결된 백두산과 장백산맥을 병풍처럼 두르고, 태평양과 연결된 다도해에 닿아 있는 배산임수背山臨水 형상에 좌청룡左靑龍−일본과 우백호右白虎−중국, 그리고 안산案山에 해당하는 제주도와 필리핀 등이 위치한 명당明堂자리라고 풀이한다.

    컬처엔지니어 정진홍은 조선일보('21.11.10. A35면)에 '메타위기' 뚫고 '메타버스'로 나가자는 글을 다음과 같이 기고했다.

    '"이름도 생소한 '요소수' 때문에 난리다. 문제를 파헤쳐 보면

한 마디로 그린 이슈와 글로벌 분쟁 이슈가 뒤엉키면서 우리는 전혀 예상치 못한 요소수 대란에 휩싸이게 된 것이다. 배기가스 규제 기준인 '유로 6'가 적용된 2014년 이후 생산되는 모든 디젤엔진에는 SCR(선택적 촉매 환원) 장치를 구비 해야 하고 여기에 요소수는 필수 품목이다. 그런데 지난 '21.10월 중국이 요소의 해외 반출을 막으면서 문제가 불거지기 시작했다.

… 요소수 품귀로 대부분 디젤차인 대형 화물 차량이 멈춰서면 물류 대란은 불가피할 뿐만 아니라, 2년 가깝게 코로나를 겪으며 거의 모든 영역에서 '배달'이 생활화되어 버린 상태에서 생활대란으로 이어질 것이 뻔하다. 평소에는 별것 아닌 것으로 여겨지던 사소한 것들이 뒤엉켜 엄청난 사회 경제적 파장을 몰고 오는 위기를 가리켜 '메타 리스크Meta Risk'라 한다면, 요소수 파동은 우리가 '메타 위기'의 시대로 접어들었음을 단적으로 보여주는 사태다.

지금은 현실세계를 뛰어넘어 펼쳐지는 실제와 구별조차 되지 않는 초현실 · 초가상의 무한 확장이 가능한 메타버스Metaverse가 급진전되어가는 시대이다. 메타버스에서 아바타 등을 활용해 일과 놀이, 생산과 소비와 소통이 무한대로 펼쳐질 3차원 (가상)플랫폼이 열리면 이것은 그 자체로 새로운 생활영역이자 시장이 될 것이 분명하다. 실제로 전 세계가 코로나로 몸살을 앓고 난 후 메타버스는 기존의 세계로서의 유니버스Universe를 빠르게 대체해 가고 있다.

… 무한 확장의 초超지구에서는 나 개인이 기업이고, 나 개인이 곧 국가인 세상이 됐다. 그런 의미에서 대한국인의 결사체라 할 대한민국은 더 이상 대륙의 끝자락에 매달린 작은 반도 안에 갇힌

분단국가가 아니라 무한 확장이 가능한 '메타 국가'로 나아갈 수 있게 되었다. 이미 우리의 경제적 확장력과 문화적 소구력은 전 세계를 깜짝깜짝 놀라게 하지 않았던가. 이제 정치만 바로 서면 된다. 그런 뜻에서 향후 대선이 단지 정권 교체라는 틀 안에 머물지 않고 메타 위기를 돌파하고 메타버스의 새로운 플랫폼으로 무장한 메타 국가로 나아갈 수 있는 변곡점이 될 수 있기를 꿈꾸듯 희망한다."'

 필자는 2011년 10월에 독도를 탐방하고 매우 큰 감동을 느낀 적이 있다. 3대代에 걸쳐 덕을 쌓은 자들만이 독도 선착장에 안착할 수 있다는 데, 운 좋게도 매우 평온하게 서도西島선착장에 내렸다. 앞 산의 두 봉우리를 올려다 보니 마치 여성의 풍만한 가슴의 형상形像으로 보였다. 동도東島 쪽으로 가보니 건너편 동도 바닷가 가장 자리에 촛대바위(탕건바위 라고도 하며 남근의 상징으로 보임)가 우뚝 솟아 있었다. 그리고 동도와 서도 사이에 구멍이 뚫린 큰 조개바위(여성 성기 상징)에 바닷물이 철석거리며 드나들고 있었다. 그런데 바로 옆에는 마치 일부러 만들어 세운 듯한 '만삭의 여인' 바위(생식력을 상징)가 기도하는 듯한 모습으로 서 있었다. 필자는 이 광경을 보고 독도는 '지구의 생식기生殖器'이며 새 생명이 태어나는 산실産室로 여겨졌다.

독도연정戀情

임시세계정부 상임의장 백 진 우

(2011.10.12.)

독도야!
선착장에 내려 네 모습을 올려다보니
너는 너를 품은
어느 여류女流 시인詩人의 가슴 닮아
서도西島의 두 산봉우리로 봉긋 솟아
감춰진 풍만한 젖가슴으로
나를 반겨 기다리고 있었구나!
떨리는 심장소리 느껴 들으며
서둘러 네 가슴을 더듬어 정상에 오른다

독도야!
동도東島에 힘차게 솟아오른 촛대바위는
생명력 분출하는 남근男根이었구나!
그 아래 조개닮은 자궁子宮바위 해수海水 들락거리니
바로 그 앞에는 만삭의 여인이 두손 모아
간절히 기도 올리며
산고産苦를 기다리고 있구나!

독도야!

너는 곧 지구 생명력이 용솟음치는 생식기이며

새 생명 태어나는 산실產室인 듯 싶구나

빨간 고추 매달고 행여 굳건히 지켜서

머잖아 휴전선 녹아내리고 국경선도 사라질 때

현해탄 건너 솔매들도 대륙의 승냥이들도

순한 양羊되어 너의 넉넉한 품으로 깃들어 오겠지

독도야!

이제 너의 그 솟아오르는 생명력으로

한반도 한민족 운기運氣를 내내 품어 안고

온 세상 평화와 번성의 기수旗手로

너는 세상의 중심에 우뚝 서게 되리라

한국이라는 국가의 꿈과 가치, 1인당 GDP와 연간 무역 흑자로 나타나는 경제실력, 과학기술력, 국민 개개인의 삶의 질이나 정신·문화·종교적으로 누리는 가치, 인권·법치·3권 분립과 표현·양심의 자유같은 민주주의 수준에서 한국은 중국보다 큰 저력의 나라다.

한국은 2018년도에 '30~50'클럽에 들어갔다. 이것은 1인당 국민소득 3만 달러 이상이면서 인구 5,000만 명 이상이 넘는 국가로 일본(1992년)·미국(1996년)·독일(2004년)·영국(2004년)·프랑스(2004년)·이탈리아(2005년)에 이은 7대 선진 민주주의 대국^{G7}

에 합류하게 되는 것이다.

골드만삭스의 2050년 경제보고서에 의하면 한국은 2025년에 1인당 GDP 5만 달러대에 이르고, 2050년에는 8만 달러대에 이르러 미국에 이어 세계 2위가 된다. 미국의 골드만삭스 연구소에서 이러한 전망보고서가 나오기 3년 전에 한국개발연구원KDI은 '한국경제의 발전 전망과 과제'라는 보고서를 통해, 골드만삭스 보고서와 기조를 같이하면서 보다 구체적인 내용을 발표한 바 있다.

이 보고서에서 KDI는 한국경제가 2012년까지 5% 수준의 성장을 실현하고, 21세기의 새로운 기술경제 · 사회 패러다임이 요구하는 광범위한 제도혁신Institutional Innovations을 이루어 안정적 성장기반을 구축할 경우, 점차 국제사회에서 독특하고 중대한 역할을 수행해 나갈 수 있다고 지적했다.

이런 역할은 세계경제의 '4대 유력경제군'이라는 개념으로 파악할 수 있다. 4대 유력 경제군이란 현재 '3극Triad권' 국가들인 미국 · EU · 일본 외에 한국과 Brics(브라질, 러시아, 중국, 인도 등)로 구성되는 신흥 유력 국가군을 지칭한다.

특히 한국은 신흥 유력군에 상당한 경제규모를 가지면서도, 이들 국가 중 3극권 국가들에 매우 근접한 발전단계에 이른, 매우 독특한 위치와 입장을 가지고 있다. 이러한 2010년대 세계 정치경제의 역학구도를 감안한 한국의 위상과 역할은 다음과 같다.

우선 한국은 3극권 세계 최선진국들과 Brics 등 개발도상국들 간의 '교량bridge 내지 조정자' 역할을 할 수 있다. 즉 이해당사국들을 서로 연계시키고 협력을 유도하며 이를 효과적으로 조율하는 역할을 전략적으로 발굴해 가는 진취적 국가이다. 글로벌스탠다드와 지역적 특수요인을 성공적으로 융합해 새로운 국제질서 형성에 주요 역할을 담당하는 국가다.

실제로 한국은 중국의 경제발전에 필수적인 각종 제품의 부품 공급 등 교량역할을 수행해 왔다. 2020년 연간 수출은 5,128.5억 달러, 수입은 4,672.3억 달러로 흑자 456.2억 달러로 12년 연속 흑자를 기록한 것으로 나타난다.

이중 대중 수출액은 전체 수출총액의 25.8%에 이른다. 약 1,700억 달러를 수출하고 약 1,100억 달러를 수입한 것으로 나타났다. 특히 중요한 점은 무역 흑자의 절반 정도를 중국에서 올리고 있다는 사실이다. 이는 저렴한 소비재를 주로 수입하고 고가의 반도체·LED패널 등을 수출하는 무역 구조에서 불가피한 측면이 있다. '세계의 공장'인 중국은 한국·일본·대만 등에서 수입한 소재·부품·중간재·장비를 바탕으로 완제품을 가공 생산해 미국에 수출, 엄청난 흑자를 보는 경제구조를 유지하고 있다.

2020년 기준 중국의 대외 수출입 교역액 규모 상위 3개 국가는 미국, 일본, 한국 순으로 나타났다. 이 현상은 2021년 상반기에도 지속되었다. 그런 중국의 주요 수입대상은 유럽연합(13.1%)·한국(10%)·일본(9.2%)·대만(8.8%)·미국(8.5%) 순이다. 개별 국가로는 한국이 중국의 수입 1위 국가다.

이런 상황에서 한국에 필요한 핵심 미래전략은 중국에 대한

편향성을 극복할 수 있는 국제협력을 강화할 대상을 찾는 일이다. 아세안(동남아국가연합) 10개 회원국을 합치면 인구 6억 4,000만 명에 국내총생산GDP 2조 8,000억 달러로 세계 4위에 해당한다. 인도는 13억 인구에 GDP가 2조 2,653억 달러로 세계 7위다. 새로운 국제협력 파트너로 삼기에 충분하다.

그러나 전 세계를 한국의 국제협력 파트너로 만들 수 있는 길은 바로 세계정부 수립과 운영의 선도이다. 제4차 산업혁명의 레이스가 본격화 되어 가고 있다. 2025년도 무렵에는 한국이 선두그룹으로 올라설 것이다. 제4차 산업혁명의 핵심 요소라고 할 수 있는 지식·정보력 그리고 창의적 문제해결 능력이 앞서 있기 때문이다.

2020년대 말에는 AI·자율 주행차·드론·사물인터넷lot·3D 프린팅·빅 데이터·줄기세포·블록체인·메타버스 등 제4차 산업혁명의 핵심 부문에서 세계 최강의 경쟁력을 확보하게 될 전망이다. 그러나 중국의 시진핑 주석이 제창한 '중국몽夢'을 압도할 수 있는 원대한 '한국의 꿈夢'을 제시하는 지도자가 보이지 않는다.

따라서 필자는 '한국인의 꿈─세계정부의 선도'를 제시하며, 제20대 대한민국 대통령은 국가차원의 '한국의 꿈과 비전'을 제시할 것을 꿈꾸며 촉구해 본다.

필자는 지난 1988년도 서울올림픽 직후 '작은 조물주의 시詩'를 쓴 적이 있다. 인간은 '커가는 작은 조물주'로 언젠가는 성인이 된 조물주로 '제2의 천지창조' 등 조물주의 사명을 이어 나가야 한다는 메시지이다.

우리가 시야를 넓혀서 태양계를 벗어난 은하계銀河系 차원의 시각으로 지구라는 혹성을 관찰하며 편협한 지역 이기주의와 국수주의를 극복했으면 하는 마음이 담겨 있다. 그로부터 긴 시간을 거쳐서 2011.11.11.에 '임시세계정부'(저자 백진우)가 출간되었으며, 임시세계정부 수립을 선언했던 것이다.

이제는 현실과 융합된 3차원 가상 공간의 메타버스를 활용하여 임시 세계(연방)정부 수립과 운영의 근간을 만들어 갈 것이다.

제4차 산업혁명의 완수는 현재까지 인류가 살아온 문명과는 질적으로 다른 새 황금문명黃金文明으로 들어가는 진입로이다. 자율 주행차와 드론, 3D에 의한 맞춤형 자가생산-자가소비, 생물로봇 등에 의한 위험하고 더럽고 힘든 노동의 대체 등 지상천국이 열리는 문명세계가 기다리고 있는 것이다.

아울러 한국은 경제개발 초기에 지역사회 개발과 경제발전의 동력을 창출했던 근면 · 자조 · 협동의 '새마을운동'의 모델에 이어 21세기의 디지털 시대에 적합한 '골목상권공동경영협업체' 운동의 횃불을 들어 올리며 세계로 나아 갈 것이다.

이 모델은 한국의 소상공인 · 자영업과 함께, 향후 또 다른 한류韓流로 지구촌 곳곳에서 환호성이 울릴 것이다. K-팝 등 이른바 '한류韓流'로 지구촌 세계의 젊은이들을 선도하고 있듯이…!

그러나 무엇보다도 한민족의 한반도가 남 · 북으로 분단되어 있으므로 평화적 통일을 성취하는 과제가 급선무이다.

지구촌 전체의 통일은 당연히 한반도의 남북통일을 포함하는 것이며, 한반도의 DMZ 또는 남방 한계선 일대를 세계정부의 무비자 무과세의 특별자유경제무역지대로 만들 수도 있다.

　세계 정부는 지구인地球人의 머리에 해당한다. 그러므로 마치 지구라는 알卵에서 하나의 통일적 유기체의 머리를 가진 새鳥가 부화孵化되는 과정과 비슷하다고 볼 수 있다. 은하계銀河系를 생활터전으로 활동하는 새 지구인地球人이 탄생되는 것과 같다고 볼 수도 있다. 지구인의 두뇌 속 극소수의 '의식세포意識細胞' 역할을 한민족이 수행할 수 있어야 한다.

　중국을 비롯한 기존 4강과 함께 지구촌 세계인들은 신체의 나머지 기관—어깨 · 등 · 복부 · 팔다리 등을 구성하는 세포로 편제되어갈 것이다. 그러므로 지구인의 의식세포를 구성하는 한국인들은 발가락 세포까지도 소중하게 생각하고 사랑하고 포용하며 널리 인간을 이롭게하는 '글로벌상생홍익弘益정신과 리더쉽'을 가져야 한다. 특히 지금은 새가 부화되도록 돕는 줄탁동시啐啄同時의 역할과 자세가 어느 때보다 필요한 싯점이라고 할 수 있다.

　시진핑習近平 중국의 국가 주석이 '일대일로一帶一路'라는 해외 팽창 정책을 추구하면서 중국은 곳곳에서 러시아를 밀어내고 있다. 특히 소련의 해체로 독립한 중앙아시아 여러 나라에 대한 러시아의 영향력은 거의 다 중국으로 넘어갔다. 전통적으로 러시아의 영향권이었던 동유럽에서도 중국은 공식적 협력기구를 설립했다.

　러시아는 시베리아에 대한 중국의 영향력이 커지는 것을 두려워해 왔다. 시베리아는 땅은 광활한데 인구가 아주 적다. 그래

서 만주의 중국인들이 시베리아로 밀고 들어오는 상황을 러시아
는 줄곧 경계해 왔다. 때문에 북한의 제재·압박을 위한 안보리
의 결의를 외면한 채 북한 근로자들을 계속 체류시키고 있다.

따라서 한국인들의 협력과 이주에 관한 협의가 시급히 진행되
어야 한다. 볼세비키 혁명시절 일본군이 연해주를 점령했으며 제
2차 세계대전에서 두 나라가 싸웠고 지금도 일본과 북방 도서에
대한 영유권 협상을 하는 터라, 일본보다는 덜 위협적인 한국과
의 협력을 바라고 있다.

2017년도에 방한한 러시아 '발다이클럽'의 의장이 한국에 러시
아가 중국보다 나은 파트너가 될 수 있다고 말했다. 발다이클럽
은 옛 소련 '코민테른'의 축소판이라 할 수 있다. 형식적으로는 민
간연구소이지만 실질적으로는 푸틴 정권이 힘을 실어주는 러시아
의 공식기구다. 이런 기구의 책임자가 비공식적으로만 나돌던 협
력방안을 공식화한 것은 중요한 신호였다.

우리가 그런 신호에 적절하게 반응하는 일은 보기보다 훨씬 중
요하다. 비록 비밀정보기관이 권력을 쥔 압제적 국가지만, 그래
도 공산주의를 버린 러시아는 공산주의 국가인 중국보다는 우리
가 안정적 관계를 맺을 수 있다.

러시아와의 협력은 당장 북한 문제 해결에 도움이 된다. 요즈
음 북한정권은 중국에 대한 의존을 줄이는 길로 러시아와의 관
계 개선을 시도하고 있다. 북한은 1960년대 두 강대국 사이에
서 움직일 공간을 찾은 경험을 따라 하려고 한다. 북한이 얻으려
는 그런 공간을 줄이기 위해서라도 한국은 러시아와 보다 긴밀

히 협력해야 한다.

최근 각광을 받고 있는 '북극항로'를 개척하고 신新 북방정책의 파트너로 시베리아 개발에 참여하는 일은 일종의 블루오션- '하이-리스크, 하이-리턴High-Risk,High-Return이라고 할 수 있다.

북한을 통과하거나 또는 열차 페리호 등을 통하여 시베리아-유럽 횡단 철도TSR와 연결하는 것은 중국의 일대일로 팽창정책에 대한 견제구가 될 수 있으며, 무엇보다도 중국이 한국에 대한 위협과 모욕을 일삼는 상황을 예방하고 극복할 수 있는 비책이라고 할 수 있다.

미국은 오늘의 한국이 자유 민주주의와 경제적 번영을 도와주었으며, 그리고 북핵 위협을 극복할 수 있는 매우 중요한 나라다. 그러나 옛 로마가 막대한 군사비 부담 등으로 무너졌듯이 지금의 미국은 휘청거리고 있다. '미국 우선주의'는 미국의 글로벌 리더십의 한계를 보여주는 것이며, 새로운 세계질서를 갈망하며 찾고 있는 시그널이라고 할 수 있다.

이제는 자본주의의 한계 극복과 함께 더 이상 개별 국가 간 안보가 필요없는 '세계(연방)정부'로 나가야 한다. 앞으로 한국은 북핵 문제에 대한 평화적 방법을 모색해 나가는 과정에서 세계(연방)정부 수립과 운영에 대한 필요성을 미국에 설득하여 협력을 확보해 나가야 한다.

그것은 한·미 양국이 영원한 동반자가 되는 길이며, 한·미가 함께 세계(연방)정부를 이끌며 인류를 황금문명으로 인도하는 길이다.

　인도의 시인 타고르는 한국을 '동방의 등불'이라고 칭송하며
노래했다. 결코 한국은 역사적 사명을 망각하거나 배신해서는
안된다.

4. 북한 포용을 통한 글로벌 홍익리더쉽

극極과 극은 통하는 법이다. 키신저가 제시한 미·중·러의 빅 딜론에 관해서 검토해 볼 필요가 있다. 전시작전권이 환수되면 서 주한 미군이 철수하게 될 경우에 한국의 안보전략은 과연 무엇 인가?

북한이 핵무기와 ICBM을 보유한 실정이므로, 한국의 자주국방 은 한계에 부딪힐 수 밖에 없다. 그렇다고 독자 핵개발도 중국의 반대 등 현실적으로 어려운 상황이다. 따라서 역설적이고 파격적 이며, 제 2차 세계대전 이후의 기존 국제질서를 뒤집는 놀라운 제 3의 해법을 찾아야 할 때이다.

우리는 한반도에 핵공포를 불러 온 북핵 위기극복의 과정을 통 해서 한민족 통일과 함께 인류전체의 평화로 가는 세계통일의 주 도권을 잡아야 한다. 그 시작은 바로 북한을 포용하는 것이다. 과 거 서독이 동독에 퍼주었듯이 통 크게 인심을 써라! 되로 주고 말 로 받아라!

따라서 북핵 해결과정을 통해서 한·미간의 긴밀한 공조로 세 계(연방)정부 수립까지 이끌어가는 전략이 필요하다. 우선 민간 차원에서 'NGO 임시세계정부'가 출범하여 활동을 전개시켜 나가고 있으므로 적극적인 관심과 연계·활용책이 마련되어야 한다.

어쩌면 아직까지도 한반도의 허리에 휴전선의 철조망이 가로지르고 있는 것은 하늘의 뜻인지도 모른다.

한민족의 통일을 여는 열쇠^{key}는 곧 세계통일을 열어갈 수 있으며, 또한 세계통일은 곧 한반도의 통일을 가져오는 것이다. 이것은 가장 평화적인 남·북한 통일방안이며, 세계의 중심국가로 자리매김하는 과정이다.

한반도에서 전쟁재발을 막기 위한 세계적인 노력을 이끌어내야 한다. 이것은 곧 북한과 주변 4강을 포용하며 인류의 비전을 이루어 나가는 '글로벌상생홍익弘益 리더쉽'이다. 이것은 온 인류를 황금문명으로 인도하는 세계적 지도자의 길이며 사명이다. 한반도가 지구촌의 중심이 되며, 한국인은 온 인류 전체를 지상낙원으로 안내하는 새 황금문명의 주역이 될 수 있다.

앞으로 한국의 지도자들은 바로 이러한 사실을 직시하고 이 기회를 전화위복으로 활용할 전략과 배포를 가져야 한다.

인류는 지금 지구라는 한정된 삶의 터전에서 우주라는 무한한 가능성의 세계로 옮겨가고 있는 중이다. 21세기는 인류가 우주로 도약하는 황금·은하문명이 시작된다. 그러므로 우주적 차원에서 지구를 바라볼 때 지구촌 통일의 세계정부 수립 활동은 더욱 빨라질 수 있다.

5. 북한의 활용가치

일본과 러시아는 일본의 홋카이도–쿠릴열도–사할린–연해주를 철도로 연결하는 시베리아횡단철도^{TSR} 프로젝트를 추진하고 있다.

동북아시아 전체의 안정을 위해서는 시베리아 횡단철도^{TSR}가 한반도를 통과하는 게 긍정적이다. 그러나 러시아는 신(新)동방정책으로 극동 개발을 위해선 외국자본의 투자가 절실하게 필요한 상황이므로 일본의 제안을 무한정 거절하기는 쉽지 않을 것으로 전망된다.

과연 남·북한의 지도자들은 이 상황을 어떻게 받아 들여야 하는가? 특히 한국의 지도자들은 상황인식을 어떻게 하고 있는가?

2016.10월 중순에 열린 여시재 포럼에 참석하기 위해 방한한 영국의 전 무역·투자장관을 지낸 스티븐 그린 남작은 다음과 같이 언급했다.

"1980년 처음 한국에 왔다. 한국에 올 때마다 엄청난 변화를 목격했다. 한국은 세계 12위 경제규모를 갖게 됐다. 앞으로 50년은 북한에서 벌어지는 일에 달려있다."(중앙일보 2016.11.2. 23면)

그렇다! 한국은 앞으로의 최대 당면과제는 '북한의 관리 · 활용'이라는 사실을 자각해야 한다. 한국인들은 더 이상 북한 인민들의 참상과 인권 유린을 외면해서는 안 된다. 참혹한 북한의 인권 상황을 방치하는 옹졸하고 비겁한 대북정책도 더 이상은 곤란한 일이다. 북한이 따라 올 수밖에 없는 포용력과 함께 '그물망 전략'을 다음과 같이 구사해야 한다.

1) 세계경제성장의 새로운 성장 동력 창출과 중심지로 남 · 북한과 중국의 동북 3성, 러시아의 연해주 일대를 묶어야 한다. 유라시아 대륙철도와 고속도로 개발 등 마스터플랜을 마련하여 단계별로 프로젝트를 추진한다. 여기에는 국제적 컨소시엄으로 막대한 개발자금을 조달할 수 있으며, 북한을 일거에 경제난에서 벗어나게 해 줄 수 있게 된다. 중국과 러시아도 엄청난 경제적 이득이 창출되므로 북한을 최대한 압박하며 설득하게 될 것이다.

2) 남 · 북한이 세계연합^{WU} 또는 세계(연방)정부^{WG} 수립을 함께 주도하고 DMZ 및 금강산 일대를 세계연합^{WU} 또는 세계(연방)정부^{WG}의 청사 부지와 세계평화 공원으로 제공하는 방안을 협의하여 합의를 이끌어 내야 한다.

3) 북한을 압박하면서 한국경제의 경쟁력을 확보하기 위하여 한 · 중 해저터널과 러시아의 블라디보스톡과의 열차 페리호 운항 프로젝트를 추진한다. 물론 북한을 경유하여 시베리아 횡단철도와 연결을 우선적으로 추진하면서 병행하는 방안을 검토해야 한다. 한 · 중 해저터널은 가능한 북한

이 참여할 수 있도록 중국 산둥반도와 가장 거리가 짧은 황해도 장산곶 일대와 개성을 통과하여 서울로 연결되도록 설계하는 것이 바람직하다. 북한에 엄청난 통행료 수입을 안겨주는 방안으로 북한의 참여를 압박하는 수단으로 활용해야 한다. 물론 한·러 열차 페리호 개설도 북한을 압박하는 카드로 우선 활용해야 한다.

4) 한·중 해저터널과 연계하여 DMZ 남방한계선 일대에 동해와 서해를 연결하는 '동·서 운하 및 고속도로'를 개발하는 프로젝트를 추진한다. 이 운하를 통해서 맑은 동해 물이 황토 빛 서해를 정화시키는 역할을 하게 되며, 동·서 DMZ 고속도로는 한·중해저 터널과 연계시켜야 한다. 중국의 관광객들이 금강산 수정봉에 올라 장전항 앞 바다의 맑고 푸른 동해의 끝없이 펼쳐지는 지평선의 매력에 흠뻑 젖게 되면, 유커들은 열광하며 한반도를 사랑하게 되고 거부하지 못할 것이다. 그 엄청난 수효의 유커들이 몰려드는 필수 관광코스로 자리잡게 될 것이다. 물론 북한은 막대한 금강산 입산료및 관광수입을 챙길 수 있게 될 것이므로 이 프로젝트를 거절하기 어려울 것이다. 더불어 '동·서東西운하 및 고속도로' 건설은 남침용 땅굴을 차단하거나 남침시도를 원천 봉쇄하는 부수효과도 얻을 수 있다.

5) '한·일 해저터널 프로젝트'를 단계적으로 추진한다. 이것은 대북 압박과 함께 일본의 잘못된 역사의식과 '혐한의식'을 바로 잡으며 독도에 대한 억지 영유권 주장을 스스로 거둬들일 수 있도록 정교한 외교적 전략과 전술적 로드맵을

마련한 후에 진행되어야 한다.

6) 제4차 산업혁명은 황금문명 즉 은하銀河문명으로 진입을 시작하는 과정이기 때문에, 지구촌은 하나의 머리를 가진 세계 정부 수립으로 갈 수 밖에 없다. 따라서 세계정부의 두뇌 의식세포에 해당하는 역할을 남·북한과 글로벌 한민족이 중심이 되는 플랜을 진행하여야 한다. 이것은 한민족 글로벌 네트워크에 북한이 동참하도록 만들고 북한의 마음을 열게 만들 수 있어야 한다.

이제 한국은 당당한 자세로 동북아는 물론 지구촌 세계의 평화와 번영을 위한 새로운 질서와 황금문명의 주역이 되어야 한다. 현재의 북핵·미사일위기는 '한민족 웅비'의 기회chance로 활용될 수 있다.

이것은 한국이 세계정부 수립을 선도할 수 있는 기회이며 한민족의 터닝 포인트Turning- point로 활용될 수도 있다.

한국 대통령의 길道

6. 문명의 대 전환기의 선점

　지금 인류는 세계사적으로 문명의 대 전환기를 맞고 있다. 현재 인류는 황금문명으로 도약하느냐 또는 핵 전쟁으로 인한 자멸로 가느냐의 기로에 서 있다고 볼 수 있다. 성경의 요한계시록에는 인류 최후의 재난과정이 선명하게 묘사되어 있다. 인간의 영혼을 이끌어 가는 종교계의 음녀(?)에 해당하는 '일곱 머리'와 핵 강국을 의미하는 '열 뿔' 가진 짐승(?)이 활개치고 있다. 과연 누가 어떻게 이 음녀와 짐승을 물리치고 인류가 오랫동안 꿈꾸고 찾아 온 황금문명으로 인도할 것인가? 상전벽해桑田碧海와 같이 새로운 차원으로 열리고 있는 문명은 황금문명이며, 은하銀河문명이다.

　마치 새가 알을 깨고 나와서 푸르른 창공을 비상飛翔하듯이 인류는 지구라는 알에서 깨어나 우주의 창공을 날아 다니게 될 것이다. 은하계가 인류의 생활권이 되는 문명이라고 할 수 있다.

　지구인地球人이라는 태아胎兒는 제4차 산업혁명을 통하여 두뇌의 분화가 완성되어 출산을 기다리고 있는 상황이다. 산모가 출산의 진통을 이겨내며 건강한 아기를 받아낼 수 있는 산파 역할이 필요하다. 누가 그 산파 역할을 할 것인가?

북핵 위협의 극복과 남·북한 통일 과업을 성취해야 할 한국인·한민족이 필사적인 노력을 기울려서 그 사명을 완수해야 한다. 어떻게 할 것인가?

더 이상 핵무기와 대량 살상무기가 필요없는 세계질서를 만들어야 한다. 세계 각국은 자국의 안보를 위해서 가능한 가장 파괴력이 큰 무기를 개발하고 비축하여 왔다. 연간 전 세계의 국방예산은 약 1,800조 원 내외에 이른다. 이 막대한 재원으로 인류의 생존을 위협하는 지구온난화 등 재해를 방지할 수 있는 과학기술을 발전시키고 사막을 옥토로 바꾸며 제2의 지구별을 찾아서 개척하기 위한 우주개발에 활용한다면 얼마나 좋을 것인가?

세계정부는 제4차 산업혁명의 진행과 함께 이뤄져야 할 지상과제이다. 이미 국경선의 의미가 사라지고 사람과 물자, 상품이 자유롭게 이동하는 유럽연합^{EU}이 탄생되어 활동하고 있으며, 2014년도에는 노벨 평화상까지 수상했다. 영국이 탈퇴하고 난민이 계속 유입되며 테러 등으로 유럽이 몸살을 앓으면서 극우·민족세력이 일시적으로 득세하고 있다. 이것을 해결하는 방안은 세계연합^{WU}으로 확대하여 세계정부^{WG}를 수립하는 상생·선순환 소통의 '글로벌상생 홍익리더쉽'이다.

한국은 북핵·미사일 문제를 해결하고 평화적으로 통일을 성취하기 위한 전략으로 세계(연방)정부 수립에 적극적으로 나서서 리더쉽을 발휘하고 로드맵을 제시해야 한다. 이 전략은 유럽

연합^{EU}은 물론 북한, 중국, 러시아, 일본, 미국 등 세계 각국이 당면한 각종 난제 해결에 활용될 수 있기 때문에 받아들일 수밖에 없다. 물론 처음에는 기득권을 가진 강대국들이 발목을 잡는 등 시큰둥할 것이다. 그러나 대의명분이 뚜렷하고 한국 외교의 난제들을 해결하는 지렛대로 활용할 수 있기 때문에 효과적인 외교 전략이 될 수 있다.

7. 지구 기후변화의 공포

　서울의 10배 크기(약 5,000평방킬로미터)의 '남극 보호막' 빙붕氷棚 (남극에 붙은 얼음 덩어리)이 무너지고 있다.(2017.02.09. 중앙일보)

　남극에서 넷째로 큰 빙붕ice shelf의 균열 속도가 급속히 빨라지고 있다. 학자들은 얼마 뒤 완전히 쪼개져 거대한 빙산이 바다를 표류하게 될 것이라고 전망했다. 빙하 학자인 에릭 리그노 어바인 캘리포니아대(UC어바인) 교수는 "빙붕에서 빙산이 떨어져 나간다는 건 대륙의 얼음이 바다로 밀려드는 걸 막아주는 방어막이 사라졌다는 뜻"이라고 말했다. 빙붕이 붕괴되면 육지의 얼음이 막힘없이 바다로 흐르기 시작하고, 이것이 해수면 상승으로 이어질 수 있다는 의미다.

　남극과 북극의 빙하가 빠른 속도로 녹아내리고 있으며, 이미 몰디브 등 일부 섬나라 주민들은 해수면이 상승하여 집단난민의 처지가 되었다. 일본의 어떤 기상학자는 극지방의 빙하가 일시에 녹아서 해수면이 올라가고, 관동대지진의 주기 엄습, 그리고 후지산의 화산폭발로 인하여 일본인 350만 명이 죽고, 일본열도 3분의 2가 바다밑으로 가라 앉기 시작할 것이라는 끔찍한 예언을 하기도 했다. 물론 한국을 비롯한 태평양 연안국가, 그리고 전 지구적으로 엄청난 육지가 바다로 변모하여 인류 대재앙이 시작될 수 있다.

지구온난화는 가속화되어 가고 있다. 2007년 유엔 산하기관인 '기후변화에 관한 정부간 위원회^{IPCC}'는 2100년 지구의 평균온도가 100년 전보다 1.1도 내지 6.4도 상승할 가능성이 있다는 보고서를 발표했다. '+2도'이면 해수면이 9M까지 상승할 수 있다고 한다. 그러므로 '+6도'는 '지구 파멸'의 대 재앙을 의미한다. 그러므로 보다 실효성 있는 국제기구의 대안제시가 필요하다.

인류사적으로 지금은 지구차원의 위기와 우주문명으로 도약할 수 있는 기회가 공존하고 있는 현상이다. 과연 우리 인류는 어떤 선택을 할 것인가?

아직 지구인들의 의식세계가 여기에 미치지 못하며, 미국의 도널드 트럼프 대통령은 자국의 일자리와 국익을 위해서 기후협약에서 탈퇴했었다. 스스로 글로벌 리더쉽을 저버리고, 역사의 진로를 무시한 어리석은 선택이 아닐 수 없는 사례이다. 기후변화에 의한 인류의 대재앙을 사전에 예방하기 위해서는 어떻게 하면 좋을 것인가?

그것은 바로 2009년 코펜하겐에서 환경단체 회원들이 외친 구호대로 '기후가 아닌 (세계)정치를 변화시켜라.'이다. 그것은 곧 EU 정상들이 개도국 재정지원 문제를 합의하여 제시한 것처럼 세계정부^{WG}가 탄생되어 '지구 구원'또는 '인류 구원' 차원에서 합의를 도출해야 함을 의미한다. 이것은 NGO 임시세계정부의 적극적인 활동의 필요성을 의미하기도 한다.

8. 세계경제와 단일통화

2008년 미국발 금융위기가 발생했는데도 한국의 원화 환율은 오르고 외화 유동성 위기를 겪었다. 그 이유는 무엇인가? 한국은 과거 외화가 고갈된 환란換亂을 겪으며, 외환보유액과 금융건전성, 그리고 정부와 기업이 양호한 재무상태를 유지해 왔다. 그런데도 외화 유동성 위기를 맞는다면 이는 국제금융제도가 맹점을 가지고 있다는 반증이 아닐 수 없다.

미국은 글로벌 경제위기의 주범(?)이었다. 소위 서브프라임사태와 미국민의 과소비에서 비롯됐기 때문이다.

생각해 보자!

미국은 세계인구 5% 정도이지만 세계 자원의 25%를 소모하고 있다. 만약 세계 인구의 25%에 달하는 중국이 미국처럼 자원을 소모한다면 세계자원은 125%가 소요되어 지구촌의 장래는 암담하게 될 것이다.

미국은 지난 30여 년간 무역과 재정적자에 이어 최근에는 가계적자가 누적되어 왔다. 달러가 기축통화가 아니라면 미국은 진작 부도가 났을 것이다. 그러나 미국은 아무리 무역적자가 나도 달러를 찍어 갚으면 된다. 재정적자가 아무리 많아도 미국 국채를 사겠다는 곳이 지구촌 세계에 널려 있으니 정부 부도도 나지 않는다. 미국인들의 과소비 역시 마찬가지다. 이런 세계 경제 구조가 계속된다면 지구촌의 미래는 자원고갈과 기후온난화 등이 가속화될 뿐이다.

미국은 기축통화를 가지고 있지 않은 신흥국가에 압력을 넣어 자본시장을 활짝 열게 한다. 그리고 선진국 은행의 통화공급에 결정적으로 의존하게 해 놓고, 그 은행들에 문제가 생기면 통화를 회수하기 때문에 외환 유동성의 위기가 생긴다는 분석이 있다.

'세뇨리지 효과Seigniorage Effect'라는 용어가 있다. 기축통화국 지위를 이용해 화폐를 찍어내고 이를 통해 경제적 이득을 취하는 것을 말한다. 주조차익 또는 화폐 발권 차익이라고도 한다.

개인이 이렇게 하면 당연 사기꾼으로 처벌되겠지만 기축통화인 달러를 찍어내는 미국은 전혀 예외이다. 중국이나 일본 독일이 아무리 애를 써도 미국을 따라잡을 수 없는 것은 바로 미국만이 기축 통화국이기 때문이다.

미국은 그동안 기축 통화인 달러를 그야말로 전가의 보도寶刀처럼 활용해 환율전쟁을 백전백승으로 이끌었다. 1970년대 초 오일쇼크로 유가가 급등하자 천연가스 수출국이던 옛 소련으로 부富가 몰렸다. 그러자 미국이 견제에 들어갔다. 석유 생산량이 가장 많은 사우디아라비아를 움직여 유가를 떨어뜨리고 인위적으로 달러화 가치를 하락해 소련이 벌어들인 달러의 실질구매력을 끌어내렸다. 결국 옛 소련은 1990년대 들어 해체되고 만다.

1980년대 일본은 급격한 경제성장에 힘입어 엔화를 기축 통화로 만들겠다고 선언하고 도쿄에 역외금융시장까지 만들었다. 미국은 환율전쟁 카드로 일본을 일거에 날려버렸다.

2008년 글로벌 금융위기의 주범인 미국은 1997년 IMF 외환위기때 한국이나 동아시아 국가들과 달리 큰 고통없이 위기를 넘겼다. 무제한 달러를 찍어대는 기축통화국으로서 '세뇨리지 효과' 덕분이었음은 말할 필요도 없다.

미국의 전임 트럼프 대통령은 대미 경상수지 흑자를 내는 나라들을 상대로 자본과 외환시장에서 그들이 무슨 짓을 해왔는지 보라고 목소리를 높였지만 세계는 반대로 미국이 어떻게 외환시장을 조작했고 기축통화국 지위를 악용해 얼마나 많은 부를 빼앗아 갔는지를 잊지 않을 것이다.

차제에 글로벌 금융위기를 상호 보완적으로 막아주는 통화스와프를 전 세계적으로 확산시킨 효과 이상을 낼 수 있는 '세계단일통화'를 만들어야 한다. 그것이 지구촌 전체의 경제를 향상시키고 개도국의 발전을 돕는 길이다. 소모적인 경제를 상생의 선순환 경제로 전환시키는 경제정의를 실현하는 지름길이기도 하다. 제4차 산업혁명으로 진행되는 과정에서 '암호화폐'가 급속히 확산되고 있으며 부상하고 있다. 블록체인 기술을 바탕으로 기존 화폐를 대체할 수도 있다는 전망이 나오고 있다. 이것은 인류의 새로운 황금문명시대의 전개를 돕게 된다. 이것은 세계정부 탄생이 왜 필요한지 그 이유의 근거이며, 세계 단일 통화의 필요성을 웅변하고 있는 것이다.

9. 제4차 산업혁명과 황금문명

'초超연결'과 '초超지식'의 제4차 산업혁명이 가파르게 진행되고 있다. 인공지능AI의 알파고Alphago와 세계 바둑계의 최고수 이세돌과의 대결에서 알파고가 4:1로 승리했다. 인공지능의 로봇이 스스로 학습하는 기능으로 인간의 두뇌를 격파한 것이다.

이같은 인공지능 기술이 바둑에 한정되는 건 당연히 아니며 그야말로 모든 영역에서 인간의 지능을 훨씬 뛰어넘는 휴먼 로봇이 되어 인간이 필요로 하는 지식과 서비스를 제공하게 된다. 빅데이터를 분석하고 음성을 기억하여 인간이 필요한 해답을 제시하고 노동을 대신하는 역할을 수행하게 된다. 스마트폰에 위치정보를 입력하면 배터리가 장착된 무공해의 자율주행차 또는 드론이 집 앞까지 와서 대기하며, 도로 또는 공중, 해상으로 이동시켜주는 세상이 다가오고 있다. 더 이상 운전이 필요 없고 차량 소유가 필요 없게 되며, 끔찍한 교통사고도 없게 된다. 그야말로 공상 세계에서 등장했던 사실들이 속속 현실화되어 가고 있다.

황금문명은 어떤 것인가? 인간과 똑같은 생물로봇이 출현하여 인간과 함께 생활하며 온갖 허드렛 일과 서비스를 제공하는 휴먼 가족이 될 것이다. 인간은 그야말로 제2의 신神과 같은 존재가 되는 것이다. 아울러 우주로의 진출도 가속화되고 있다. 머지않아서 인류는 은하계銀河系를 생활무대로 활동하게 될 것이다. 과학자들은 광대한 우주에는 태양이 수 천억 개 있으며, 지구처럼 지적인 생명체가 존재하거나 존재할 수 있는 제2의 지구별 혹성이 다수 있을 것으로 보고 있다.

인류는 알에서 부화된 새가 창공을 날아 다니듯이 마치 새알같은 지구에서 부화된 '우주의 새'가 되어 온 우주를 누비며 날아다니게 될 것이다. 그러나 옛 바벨탑이 무너지듯이 현대문명이 붕괴될 수도 있다. 인간 스스로에 의한 핵전쟁으로 자멸의 늪에 빠지게 될 소지도 많다. 현재 지구상에 쌓여있는 핵무기가 연쇄 폭발한다면 요한계시록에 나타난 인류 종말을 맞이하게 된다. 이산화탄소 배출 등에 의한 기후변화로 인류가 멸망할 가능성도 커지고 있다. 또한, 우주의 무법자 혜성이 지구에 충돌하는 경우가 있을 수도 있다.

이제 더 이상 지구상의 인류는 국경선과 휴전선의 철조망으로 가라져서 분열과 갈등·대립의 어리석음을 되풀이해서는 안 된다. 이제 인류는 해마다 지출되고 있는 막대한 국방비를 복지와 과학기술의 발전에 활용해야 한다. 이 재원은 70억의 인류를 먹여 살릴 수 있는 식량을 수년 간 조달할 수 있는 비용이다. 이것을 군비 경쟁에 쏟아 붓는 어리석음을 되풀이해서는 안 된다. 모든 인류가 사막을 옥토로 바꾸고, 바다를 삶의 터전으로 만들어가는 황금문명의 개막에 합력해야 한다. 그리고 제2의 지구별을 찾아서 제2의 천지창조 작업을 하기 위한 우주 개척에 힘을 합쳐 협력해야 한다. 이것이 바로 세계정부가 탄생되어야 하는 이유이다.

10. 인도적 공조共調주의

10-1. 새로운 철학 · 이념의 필요성

히틀러는 나치즘이라는 잘못된 이념으로 약 600만 명의 유대인을 가스실에 넣어 죽였다. 공산주의 이념에 사로잡힌 구舊 소련의 스탈린은 약 1,000만 명, 중국의 모택동은 약 600만 명, 북한의 김일성은 약 400만 명, 캄보디아의 폴포트는 약 300만 명의 킬링필드를 자행한 인간들이다.

그렇다면 공산주의를 이겼다고 자만하는 자본주의는 어떠한가?

지구촌 전체에서 부익부 빈익빈의 양극화가 심화되면서 배고픔에 절망하여 전쟁과 내란, 테러 등 폭력이 끊이지 않고 있으며, 거리에는 노숙자와 창녀, 빈곤으로 인한 절도 등 각종 범죄가 꼬리를 물고 있다. 그리고 패배감에 사로잡힌 자들의 자살이 연간 수만 명에 이르고 있다.

이제 인류는 새로운 정신체계 또는 이념을 찾아야 한다. 필자가 주창하는 임시 세계정부의 기본 철학 · 이념은 곧 '인도적 공조주의人道的 共調主義'이다. '공조'라는 말은 '공유共有'와 '조화調和'

를 의미한다. '공유경제' 또는 '공유자본주의'가 점차 확산되어 가고 있다. 그러나 더욱 중요한 것은 균형^{Balance}적 조화이다.

인간의 능력은 천차만별이지만 반드시 전체적으로는 조화상태이어야 한다. 마치 인체의 각 기관을 구성하는 세포처럼…!

이것은 인간의 창조적 두뇌를 생산력의 원천으로 삼으며, 제 4차 산업혁명으로 창출되는 모든 부가가치를 공유하고 선순환의 조화를 지향하는 철학이며 사상이다. 자본주의 시장경제의 불평등·양극화를 극복하기 위한 사회시스템을 만들어가는 가치체계라고 할 수 있다. 이제는 사회적 시스템의 설계와 AI·3D·메타버스 등 기술의 획기적 발전으로 인류는 자원·물자의 궁핍으로부터 해방될 수 있다.

좀 더 세부적으로 설명하자면, 케인즈의 유효수요이론을 확장하여 완성한 것이며, 법정스님이 제시한 개인차원의 '무소유無所有'를 사회 구성원 전체의 공유共有와 선순환의 조화調和로 승화시킨 이념이라고 볼 수도 있다. 사회적 부가가치와 경제적 성과를 제도적으로 공유하고, 각 개인의 능력과 공헌도에 따라서 조화롭게 분배하며 상생의 시너지효과를 창출해 나가자는 이념이라고 할 수 있다.

이것은 인류가 지상낙원의 황금문명으로 가기 위한 철학이며 이념이다. 이것은 부익부 빈익빈의 양극화·불평등으로 치닫고 있는 자본주의의 모순과 한계를 극복하고, 모든 인류가 인종, 민족, 종교 등의 차이에 의한 갈등과 대립의 상극相剋을 뛰어넘어서 공존과 조화·배려에 의한 행복이 충만한 상생相生의 가치가 담겨 있다.

10-2. 인도적 공조주의 경제

경제 진화의 끝은 과연 어디인가?

과학의 발전은 인간생활에 필요한 경제의 모습을 바꿔 놓을 것이다. 나노로봇이 등장하여 인간의 의식주 문제를 해결하고 필요한 모든 물질과 서비스를 생산하여 공급하는 미래사회를 준비하기 위한 철학·이념적 토대는 무엇인가?

성경에는 이런 구절이 있다. 무엇을 시사하고 있는가?

"너희는 일곱 안식년을 계속할지니 이는 칠년이 일곱 번인 즉 안식년 일곱 번 동안 곧 사십구 년이 지나서….”(레위기 25:8)

"네가 동족에게 무엇을 팔거나 동족에게서 무엇을 사는 경우에 이웃끼리 서로 억울하게 하지 말라. 너는 동족에게서 사들일 때에 희년이 몇 해가 지났는지 따져 보아라. 사고파는 사람은 소출을 거둘 햇수를 따져 사고 팔아야 하기 때문에 그 햇수가 많으면 값을 많이 치르고, 햇수가 적으면 값을 적게 치러야 한다.”(레위기 25:14~16)

"땅은 아주 팔아 넘기는 것이 아니다. 땅은 내 것이요, 너희는 나에게 몸 붙여사는 식객에 불과하다.”(레위기 25:23)

앞으로 소유제도를 성경에서처럼 모든 재산을 49년 간 단위를 기준으로 임대하여 공유하는 제도로 그 시행을 검토해 볼 필요가 있다. 이것은 사유재산제도의 폐해를 제거하기 위한 혁신적인 보완책이며, 모든 사람이 태어날 때와 똑같은 '기회 평등적 부富'

를 소유하도록 보장하는 방법이기도 하다. 이러한 제도는 각자가 자신의 기여도에 대해 적절한 보상을 받을 수 있도록 하기 때문에 결코 불공평한 제도가 아니다. 누구나 자신의 능력에 따른 차별화된 보상이 보장되기 때문이다. 또한, 장차 남·북한 한민족이 하나로 통일될 때 북한지역의 토지는 모두 국유지이므로 이 제도를 적용시켜 볼 수 있지 않을까?

인도적 공조共調주의의 이념은 '유기체적 상생相生'이다. 유기체적 상생이란 인체의 각 신체부위가 별개가 아니며, 하나의 존재 또는 공동체를 위한 역할분담을 하는 것이다. 그런데 특정부위에 영양공급이 집중되거나 혈류가 막히면 곧 생명체에 불편과 고통, 또는 질환을 가져오게 된다. 따라서 왕성한 식욕으로 섭취된 영양분은 신체 각 부위에서 조화롭게 선순환적으로 공유하므로써 보다 더 건강하게 된다.

자본주의는 영양분을 효율적으로 섭취하는 왕성한 식욕의 본능적 질서에 따르는 자연법의 일환이라고 볼 수 있다. 그러나 섭취된 영양소는 효소에 의해 골고루 분배되고 모든 체세포에 공유되어야 한다. 그런데 분배역할을 수행하는 효소가 부족하게 되면 전신에 영양을 골고루 배분하지 못하게 된다. 따라서 독소가 해소되지 않으면서 체지방 비만으로 축적되고 신체의 세포들은 병들게 된다. 이것은 갖가지 성인병과 질병이 발생하게 되는 원인이다.

따라서 왕성하게 섭취된 영양분을 골고루 배분시켜주는 역할을 하는 효소와 실핏줄 같은 역할을 수행하는 사회 시스템이 필요하며, 이의 토대가 곧 '인도적 공조주의' 경제이다.

이것은 '분배없는 성장은 착취이며, 성장없는 분배는 기만'이라는 전제가 깔려있다고 볼 수 있다. 부가가치 창출없이 분배하는 것은 남의 돈을 훔쳐서 가난한 자에게 나눠주는 절도행위이며, 창출된 성과·부가가치를 분배하지 않는 것은 남의 재물 또는 희생을 빼앗는 강도짓이나 다름없다는 뜻이다.

오늘날 일부 대기업에 수 백조에 이르는 현금 보유·축적은 심각한 사회문제로 부각되어 가고있다. 부富의 편중과 빈곤층의 확산에 의한 '불평등·양극화 문제'는 일종의 효소 결핍증으로 체지방이 축적되는 비만현상이며, 눈덩이처럼 커져 가는 가계부채는 피가 탁해지고 모세혈관이 막히는 현상이라고도 볼 수 있을 것이다.

예수의 '오병이어五餠二魚의 기적'은 '공동체 나눔경제'이며, 인도적 공조주의 경제의 표본이라고 할 수 있다.

2010년 3월 11일 입적한 법정法頂스님은 '무소유無所有'로 유명한 분이다. 법정은 이렇게 말했다.

"만약 인간의 역사가 소유사에서 무소유사로 방향을 바꾼다면 아마 싸우는 일은 거의 없을 것이다."

서로가 더 많은 것을 소유하려는 진흙탕 싸움의 무명세계無明世界에서 스님은 '텅빈 충만함'의 삶으로 마음의 평화를 소유했다.

'무소유'가 무엇인가? 법정스님은 '불필요한 것을 소유하지 않는 것'이며, '비어 있으나 충만함'이라고 설명했다. 이것은 '개인의 소유에서 벗어나 사회전체 구성원의 조화로운 공유共有'를 의미하는 인도적 공조共調주의와 일맥 상통하는 것이다. '무無'는 곧 무한無限이며, 무한은 만인의 공유共有와 선순환의 조화調和와도 상통하는 의미라고 볼 수 있다.

'무한'이란 곧 삼라만상의 자연과 우주를 가리킨다. 그러므로 개인적인 사유私有는 일시적인 착시현상일 뿐이다. 인간도 무한의 일부이다. 누구나 죽으면 자신의 육체가 분해되어 무한의 원소로 환원하게 된다. 이것을 깨달은 사람은 유기체로서 살아 숨쉬는 것 자체마저 감사와 기쁨을 느낄 수 있게 된다. 그는 이미 천국에 발을 들여 놓은 것과 같다. 이러한 무한의 흐름을 삶 속에 구현하는 철학·이념이 곧 '인도적 공조주의'라고 볼 수 있다. 이것은 인체에 기혈氣血순환을 원활하게 유지하고 관리하는 인도적人道的 이념이,

인간의 정신세계는 각성 과정을 거쳐서 전지전능한 창조주와 우주적 상생 세계를 지향하게 된다. 그러므로 인류가 지구적 차원을 벗어나 우주로 비상飛翔하는 '은하銀河문명' 시대를 열어 나가기위한 철학과 사상이 바로 '인도적 공조共調주의'이다. '공조共調'란 '공유公有'와 '선순환의 조화調和'를 의미하는 것이다.

이제 자본주의 시장경제는 부익부 빈익빈의 양극화 골을 메울 수 없다는 한계를 보여주고 있다. 과거 세계대공황에서 드러났듯이 대량 소비자들의 구매력이 상실된다면 결국 대공황 현상이 나타나게 마련이다. 따라서 구조적 모순과 한계를 지닌 자본주의 시장경제는 '인도적 공조共調주의 경제'로 바뀌어야 한다. 정치와 정부의 정책기조도 공유共有와 선순환의 조화調和'로 바뀌어야 한다. 정부는 국가사회 시스템을 혁신하기 위한 정밀 분석을 통해서 조세정책과 경제시스템, 사회시스템, 정부운영 시스템의 재설계를 통해서 양극화의 갭Gap을 메워야 한다. 우선 학교 급

식시스템처럼 기본적으로 필요한 의식주 문제를 정부에서 해결해
야 한다.

　이것은 '골목상권 공동경영협업체'와 같은 자율적이고 자치적
인 사회시스템을 정부가 잘 설계하고 운영한다면 충분히 가능한
일이다.

11. 새 문명의 메신저 출현

1973년 12월 13일. 프랑스 중부지방에 있는 클레르몽 페랑의 한 사화산구에 UFO를 타고 나타난 우주인과 6일간 인터뷰를 한 인물이 있다. 프랑스 출신의 클로드 보리롱 라엘(1946.9.30.~)이 바로 그 주인공이다. 그는 그 6일간의 인터뷰 내용을 '진실의 서'라는 책으로 출간했다.

그에 의하면 지난 1970년대 인류는 핵전쟁 발발 가능성이 99% 수준이었으며, 현재도 핵전쟁 발발 가능성은 70% 이상 된다고 한다. 혹성에 살고 있는 우주인들은 약 2만 년전에 고도로 발달된 과학지식과 기술로 우주를 탐색하던 중에 지구별을 발견했다고 한다. 그들은 이른바 성경에 기록된 천지창조작업을 통해 아담과 이브를 창조했다.

성경속의 하나님을 의미하는 엘로힘Elohim(하늘에서 온 사람들)은 인간에게 완전한 자유의지를 허용하며 지속적인 관찰을 해왔다고 한다.

지난 1945년 8월 6일. 일본의 히로시마에 원폭이 투하된 시점이 바로 성경속의 666수(세대)에 해당하는 종말의 시점이었다고 한다. 혹성에 살고 있는 엘로힘^{Elohim}은 지구의 인류가 스스로 멸망할 수도 있다는 판단을 하게 되어 대책을 강구했다. 무엇보다 기존의 종교가 심각한 위기에 봉착한 핵 문제 등 인류의 과제를 해결할 수 없다는 판단에 따라 라엘을 최후의 선지자로 선택했다고 한다.

새로운 메시지의 핵심내용은 핵전쟁의 예방으로부터 시작된다. 이를 위해서는 기존의 민주주의를 수정하여 보완하는 '선택적 민주주의'와 '천재정치', 그리고 '세계정부'의 수립이다.

지구촌이 하나의 정부로 통일된다면 핵무기라든가 화생방 독가스 등 끔찍한 무기들은 필요없게 된다. 따라서 지진이나 지각변동 등으로 핵물질이나 화생방 독극물이 누출될 때 핵보유국들이 가장 먼저 치명적인 피해를 입게 된다. 그러므로 각국은 스스로 핵무기 등을 없애는 작업에 착수할 것이다.

세계정부는 선택적 민주주의에 의한 천재정치를 의미한다. 천재정치는 마치 인체의 두뇌 세포처럼 공동체 전체 차원에서 인식과 사유, 분별과 판단능력이 탁월한 지성을 갖춘 천재들을 정치의 중심에 세우는 것이다. 과거 역사상 천재들은 권력자의 시녀로 이용당했지만 앞으로는 각종 사회적 문제를 해결하고 발명과 과학기술의 진보를 이끌어 가는 주체로 활동하는 것을 의미한다. 세계정부 수립과 천재정치는 당연히 세계의 경제를 급속도로 발전시켜 마침내 굶어죽거나 질병으로 애석하게 숨지는 비극이 지구상에서 사라지고 새로운 황금문명은 우주를 향해 뻗어나가게 되리라…!

12. 한민족의 역사적 소명召命

동방東方의 등불

– 타고르 –

「일찍이 아시아의 황금시기에
빛나던 등불의 하나인 코리아
그 등불 다시 한번 켜지는 날에
너는 동방의 밝은 빛이 되리라
마음에 두려움이 없고
머리는 높이 쳐들린 곳
지식은 자유롭고
좁다란 담벽으로 세계가 조각조각 갈라지지 않은 곳
진실의 깊은 속에서 말씀이 솟아나는 곳
끊임없는 노력이 완성을 향해 팔을 벌리는 곳
지성의 맑은 흐름이 굳어진 습관의 모래 벌판에 길 잃지 않은 곳
무한히 퍼져 나가는 생각과 행동으로 우리들의 마음이 인도되는 곳
그러한 자유의 낙원으로
나의 마음의 조국 코리아여 깨어나소서.」

그렇다! 이제 코리아는 깨어나고 있다. 동방의 밝은 빛은 '좁다란 담벽으로 세계가 조각조각 갈라지지 않은 곳'을 향하고 있다.

'25시'의 저자 게오르규$^{C.V. Gheorghiu}$(1919~1992)는 60여 년 전 한국을 앞으로 다가올 세계사적 문제를 풀 수 있는 유일한 열쇠(보석)로 보았다.

오스트리아 태생의 과학자 · 편집인 · 인지학 창시자인 슈타이너$^{Rudolf Steiner}$는 "인류문명의 전환기에는 그 빛을 제시하는 성배成坏 민족이 반드시 등장한다. 2천 년 전에는 중동의 유대민족이었다. 그때보다 더 근원적인 전환기인 오늘날 그 빛은 동방인 극동에 와 있다. 그 민족을 찾아 힘껏 도우라."고 했다.

그렇다! 지구地球라는 알에서 부화하기 시작한 인류는 하나의 유기체인 새─독수리가 되어서 우주의 창공을 날아다니며 은하銀河문명─황금문명으로 진입하게 된다. 이제 막이 오른 제4차 산업혁명은 인류를 지금까지의 문명과는 완전히 차원이 다른 문명세계로 인도하게 될 것이다.

한강의 기적으로 유명한 대한민국은 과거 산업혁명의 후발주자였지만 이제 막 시작되는 제4차 산업혁명은 선두주자가 될 것이다. 왜냐하면 지식 · 정보력, 그리고 창의적 문제해결능력이 탁월하기 때문이다.

'위기는 곧 기회'란 말이 있다. 그렇다! 작금의 '북핵위기'는 곧 한민족이 웅비할 수 있는 '기회'로 활용되어야 한다. 사실 지구상에 쌓여있는 핵무기는 대재앙의 싹이기 때문에 모두 사라져야 될 것이다. '한반도의 비핵화'를 뛰어넘어 '지구촌 세계의 비핵화'로 확대 · 발전되어야 한다.

그 방법은 핵무기가 필요없는 세계정부 수립이다. 그 모델은 이미 궤도에 오른 유럽연합^{EU}이며, 이것이 세계연합$^{WU: World Union}$으로 확대 발전하고, 세계연방정부 또는 세계정부가 수립될 때 현재의 국경선과 휴전선은 의미가 사라지고 핵무기를 비롯한 대량살상 무기는 필요없는 세상이 되는 것이다.

신약성경 요한계시록에는 종말에 '일곱머리 열 뿔 가진 짐승'을 타고 다니는 음녀淫女가 나타나는 것으로 기록되어 있다. 놀랍게도 기독교(?)가 바로 그 음녀이며 일곱머리는 각파의 교회를 상징하고 열 뿔은 핵 무기를 가진 국가들을 지칭한다는 해석이 있다.

코로나19 팬데믹 상황에서 일부 교회의 지도자들이 보여준 행태는 '음녀淫女수준'이었다. '일곱머리 열 뿔가진 현대판 골리앗'을 격퇴할 현대판 다윗(?)이 한반도의 남쪽지방에서 출현하여 커가고 있다. 2050년 대에 인류 역사상 가장 큰 영토를 가진 GDP 10만 불 내외의 세계 제1위의 대한민국을 탄생시킬 주인공이라고 할 수 있다.

이제 한민족의 일원이라면 지구촌 어디서나 새 세상을 열어가는 성업聖業에 앞장서야 할 때이다. 한국이 세계의 중심국가로 자리매김할 날이 멀지 않았다.

한국사의 국통맥國統脈을 밝혀주는 환단고기桓檀古記 완역본(역주자 안경전, 상생출판사)과 보다 간결한 해제解題를 담은 '환단고기 보급판'이 출간되었다. 약 30여 년 동안에 걸쳐서 국내외 문헌 연구는 물론 가까운 일본과 중국을 비롯하여 중동, 이집트, 유럽, 북남미 등 지구촌 곳곳의 역사현장을 탐방하며, 사실史實을 철저하게 고증한 책이다.

중국은 2002년 2월부터 동북3성 지역에서 일어났던 고조선, 고구려, 대진(발해) 등 한국 역사를 자국의 역사에 귀속시키는 역사 왜곡 공작의 동북공정을 벌여 왔다. 그것은 중국의 황하문명보다 더 앞서고 발달한 한민족의 '홍산문화' 유적이 발굴되어 세계를 깜짝 놀라게 했기 때문이다. 중국이 한민족사 강탈을 통해 노리는 최종 목표는 후일 한반도에 정치적 변고가 생겼을 경우 북한을 점령하고, 그 후 넓어진 정치적 입지를 바탕으로 세계의 최강자가 되고자 하는 것이다.

한편, 일본도 과거 35년간의 식민지 지배시대에 식민사관 주입에 심혈을 쏟았으며 이어서 최근에는 '독도 영유권 주장'으로 한국 영토 침략의 야욕을 노골적으로 드러내고 있다. 신라 때부터 공식적인 한국 영토인 독도를 일본은 1905년 러·일전쟁 와중에 자신들의 영토로 무단 편입시키고, 다케시마竹島라 명명하였다. 그 후 100년이 지난 2005년에 '다케시마의 날'을 제정하고, 일본의 국가안보 전략서인 방위백서에 독도를 일본 영토에 기재하기 시작했다. 최근에는 중·고등 역사책 뿐만 아니라 초등학교 교과서까지 개정하여 자국 영토로 가르치고 있다.

'환단고기'에는 지금부터 9천 2백여 전의 동북아에 한민족의 시원이라고 할 수 있는 환족桓族이 세운 환국桓國이 있었으며, 열두 나라로 이루어진 인류 역사상 최초로 노예제도가 없는 '세계연방정부'를 이루고 있었다고 기록되어 있다.

유럽연합^{EU}은 유럽이 통일되었던 로마역사를 근거로 탄생되었다. 따라서 한민족은 원시반본元始反本의 자연섭리에 따라 황금문명 시대의 전개에 걸 맞는 세계정부를 수립하는 역사적 소명召命을 수행해야 한다.

'만국활계 남조선萬國活計 南朝鮮, 환도공회桓道公會'

위 내용은 19C '개벽開闢사상'에 나온다. 지구상의 모든 인류를 구원할 이정표와 만인이 인정하는 도道가 한반도 남쪽에서 나타난다는 것이다.

인류 창세 역사의 주역이었던 한민족이 살고 있는 한반도! 바로 이곳에서 상극을 극복한 상생의 원리와 철학을 나타내는 태극太極의 대한민국에서 동서 고금古今의 문화를 하나로 수렴하여 인류의 새 시대를 여는 황금문명으로의 진입이 시작될 것이다. 황금문명의 마중물 역할을 하는 제4차 산업혁명의 꽃이 활짝 피어나면서 '지구촌 통일의 세계정부' 수립을 한국이 선도하게 될 것이다.

이미 2011.11.11일에 '임시세계정부'(저자 백진우, 학문사) 출간과 함께 'NGO 임시세계정부' 수립이 선언되었다.

지금 한민족은 남·북한을 가르는 휴전선^{DMZ}을 사이에 두고 북핵·미사일의 공포와 함께 초강대국인 미국, 중국, 일본, 러시아 등이 충돌하는 가장 뜨거운 중심지대에 놓여 있다. 어쩌면 한민족은 물론 인류 멸망의 핵전쟁이 발발할지도 모른다.

그러나 '위기는 곧 기회'라는 말이 있다. 북핵·미사일 문제의 근원적·본질적 해결책은 현재의 국경선과 휴전선이 사라지는 세계정부 수립으로 가능한 것이다. 마치 유럽연합^{EU}의 탄생으로 독일이 통일되었듯이 세계(연방)정부가 수립될 때 남·북한 통일은 자연스럽게 저절로 열리게 되는 것이다. 그러므로 한국인들은 세계(연방)정부 수립에 목숨을 걸고 선구적인 '글로벌상생홍익리더쉽'을 발휘해야 한다.

한민족과 인류는 지금 인류 문명이 상전벽해桑田碧海와 같이 대전환이 시작되는 제4차 산업혁명의 '퍼펙트 스톰perfect storm'이 닥치는 시간대에 들어서고 있다. 아울러 자칫 북핵·미사일 위기를 군사력으로 해결하기 위한 미국의 선제공격의 가능성을 경계하고 막아야 한다.

이런 절박한 상황에서 오늘의 우리는 무엇을 해야 하는가?

중국이 조장하는 중화 패권주의 사관의 '동북공정'과 일제가 조장한 식민주의 노예사관에 의한 '독도침탈'을 막아내고, 북핵·미사일 위기를 지렛대로 활용하여 전화위복으로 삼는 길은 세계(연방)정부 수립을 선도하는 것이다.

8천만 한국인이여!

우리 모두 새벽처럼 맑게 깨어나자!

황금문명의 주역은 바로 한민족이며, 너와 나 자신이다!

당신이 바로 '만인활계지인萬國活計之人의 주인공이 되라!

13. 영성靈性혁명의 선도

영성靈性은 무엇인가?

인간의 무한한 잠재력·예지력·창조적인 신성神性을 의미하는 것이다.

영성혁명은 무엇인가?

그것은 의식·정신·영성의 새로운 지평을 깨닫는 각성覺醒이며, 보다 더 높고 깊으며, 넓고 심화된 영성의 변혁과정이라고 할 수 있다. 영성혁명은 인간 잠재력과 초능력의 창조력을 지속적으로 계발하고 활용방안을 찾는 길이다.

인간의 두뇌는 이성·지성의 영역을 맡은 좌뇌와 감성 영역을 맡은 우뇌, 그리고 무궁무진한 잠재력과 창조력 영역을 맡은 간뇌間腦로 구성되어 있다. 그러므로 간뇌의 계발을 통해서 인간은 광대무변의 우주와 연결될 수 있다. 천재들까지도 잠재력의 12~13% 내외 정도밖에 활용하지 못하는 것으로 알려져 있다. 그러므로 지속적인 잠재력의 계발을 위한 각성시스템이 영성혁명과 함께 지속적으로 운영되어야 한다.

이와 함께 영·유아의 IQ 160 이상이 가능한 '영재 태교 방법'

에 의한 영재의 출산 교육을 제도화하고, 공부를 잘 할 수 있는 영재 공부법과 속독법, 기억법 등을 활용한 '천재교육법'이 국내에서 개발되어 전수되고 있으므로 활용방안을 정부차원에서 검토했으면 싶다.

복지의 기본은 건강이므로 건강한 신체 유지를 위한 약 알칼리 체질 유지방법과 혈액 · 림프, 에너지의 원활한 순환을 촉진시켜 주는 '정혈온열淨血溫熱 요법' 등의 심층 연구와 활용방안이 함께 진행되어야 한다.

어린이는 보고 느끼며 생각하는 차원이 비교적 낮고 여릴 수밖에 없다. 장성함에 따라서 지식과 정보의 량이 늘어나면서 생각하는 차원이 점점 높아지고 강력한 정신력으로 강화된다. 이와 마찬가지로 인류의 진화의 과정도 시대와 역사에 따라서 의식 · 정신 · 영성이 진화의 단계를 밟고 있다.

이제 인류는 지구라는 한정된 공간을 벗어나서 은하계銀河界 영역으로 확장시켜 나가고 있다. 기존의 종교는 인간을 '의식의 노예'로 만들었다. 이 노예 상태로부터 인류를 해방시키는 과정이 바로 영성혁명의 과정이라고 할 수 있다.

모세는 옛날에 이집트의 노예로 살고 있던 옛 유대인들을 가나안으로 이끌었다. 앞으로 현대의 '종교 의식의 노예—현대의 노예'들을 우주의 중심적 존재라고 할 수 있는 '작은 조물주'로 각성覺醒시켜 나갈 현대판 모세(?)의 등장이 필요한 때이다.

모든 종교는 더 이상 인간정신을 반계몽反啓蒙의 '의식적 감옥'에 가두어서는 안된다. 인류는 지구라는 알의 세계에서 벗어날 때가 되었다. 그러기 위해서는 하나의 머리에 해당하는 세계 정부 탄생이 필수적이다. 기존의 국경선과 휴전선이 사라지는 세계정부 질서에서는 더 이상의 전쟁과 핵무기가 존재하지 않게 된다. 국가 안보가 필요없는 국제환경이 조성되기 때문이다.

정치는 마치 인체의 두뇌속 의식세포에 해당하는 역할을 수행하는 것이다. 모든 세포가 의식세포와 연결되어서 유기체적으로 움직이는 '의식세포—집단지성'에 의하여 정치기능이 발휘되어야 한다. 두뇌의 의식과 판단에 따라서 모든 세포가 공동체로 움직이는 것이다.

앞으로 과학기술이 좀 더 발전하게 되면 모든 노동과 서비스를 생명로봇으로 대체할 수 있게 될 것이다. 인간은 하고 싶은 일만 하면서 행복한 삶을 살아가는 세상으로 변모하게 된다. 그야말로 지상낙원이 펼쳐지는 것이다.

정부는 모든 구성원들의 의衣 · 식食 · 주住를 책임지고 공급하는 역할을 수행하게 된다. 말하자면 국가의 기본 소득제가 보편화될 수 있어야 한다는 의미이다. 대의 민주주의는 세포의 기능별 역할분담이 행해지는 선택적 민주주의로 바뀌는 것이다.

경제는 맞춤형 자급자족 시스템으로 바뀌게 된다. 예를 들면 나노로봇에 의한 주문형 자동화 생산 · 공급 시스템에 의하여 각 개인별 또는 가정별로 의 · 식 · 주가 해결되는 방식으로 바뀌게 된다. 화폐는 사용가치로 바뀌지만 교환가치의 필요에 따라서 세계 공용화폐를 사용하게 되며, 세계경제는 현재보다 수십 또는 수백 배 향상된 부가가치를 창출하게 되어 인류는 모두 풍요한 생활을 하게 될 것이다.

빅 데이터와 사물인터넷Iot 이후 자동차와 집이 하나의 플랫폼으로 간주되고 있다. 스마트 홈은 무한에너지를 효율적으로 관리하고 가족의 삶을 편리하고 안전하게 관리한다. 바야흐로 '플랫폼 전쟁' 시대에 궁극의 플랫폼은 도시가 될 것이다. 컴팩트 시티와 스마트 시티라는 거대한 장치가 건강 · 안전 · 교육 · 문화 · 교통 등 인간사회의 모든 영역에서 인간행복을 위한 휴먼 서비스가 제공된다.

소형 원자력 · 핵융합 발전시스템을 비롯하여 수소에너지 발전시스템과 풍력 · 태양광에너지 시스템의 고도화 등으로 에너지 문제가 궁극적으로 해결될 것이다. 밤에만 비가 오도록 만들고 헬멧을 쓰고 버튼만 누르면 도시내에서 원하는 목적지로 순간 이동이 가능한 세상이 온다. 식사 메뉴를 선택하여 입력하면 밤 사이에 나노로봇이 요리를 해놓고 기다릴 것이다. 사회는 안전사고와 폭력, 범죄가 사라지게 될 것이다. 범죄자는 일종의 환자로 취급되어 감옥이 아닌 병원에서 완치될 때까지 치료와 보호를 받게 되는 사회 안전망이 갖춰지게 된다.

인류는 은하계를 생활권으로 삼으며, 우주에 널려있는 별들을 탐험하고 제2의 지구별을 찾아내게 될 것이다. 그리고 옛 우주인들이 지구에서 천지창조 작업을 했듯이 제2의 천지창조 작업을 수행하게 될 것이다. 끝이 규명되지 않고 있는 광대무변의 우주에 생명력이 가득한 제2의 천지창조 작업은 태초의 창조주를 기쁘게 하는 일이다. 지구별의 인류를 탄생시킨 혹성의 엘로힘도 기꺼이 환영하며, 인류보다 2만 5천년 앞선 과학 지식을 '우주인 대사관'을 통해서 전수하겠다는 약속을 했다.

얼마나 가슴 벅찬 메시지인가!

영성혁명은 이 기쁜 메시지의 실체를 찾아가는 과정이며, 옛 선지자 엘리야처럼 엘로힘과 동행하는 길을 안내하게 될 것이다.

이제 인류는 지구라는 한정된 공간을 벗어나 우주로 활동무대를 넓혀 나가는 황금 · 은하문명으로 도약하고 있는 중이다. 광대무변의 우주에는 수천억 개의 태양이 빛나고 있으며, 제2, 제3의 지구 존재 가능성은 매우 크다. 이미 UFO의 존재가 포착되었으며, 우주인의 메시지가 지구촌 방방곡곡에 메아리치고 있다. 지구촌의 인류는 고도로 발전된 생명공학을 통해서 혹성에 제2의 천지창조작업을 시작할 수도 있을 것이다. 그야말로 인간이 신神의 반열에 오르게 된다. 이것은 곧 황금 · 은하문명을 열어가는 과정이다.

14. 임시세계정부의 선도

14-1. 유럽연합EU의 벤치마킹

임시세계(연방)정부는 유럽연합EU을 모델로 조직구성을 진행하고 있다. EU는 유럽 여러나라가 세계시장에서 경쟁력을 높이기위해 결성한 기구이다.

20세기에 두 차례의 세계 대전을 겪으면서 유럽의 세계 각국에 대한 영향력이 약해지자 유럽 사회내에서 경제적,정치적 통합을 요구하는 목소리가 높아졌기 때문에 추진되었다. 유럽 경제공동체와 유럽 원자력 공동체,유럽 석탄철강 공동체가 통합하여 유럽 공동체EU가 탄생한 것이다.

EU는 일반적인 국제기구와 달리 입법·사법의 독자적인 법령체계 및 집행부를 정점으로 하는 자치행정 기능까지 갖추었다. 경제적으로 통상, 산업, 농업 등에 대한 주요 정책을 결정하고, 정치와 사회분야에 이르기까지 공동의 정책을 확대해 나가고 있다.

최근에는 기후변화 등 환경파괴를 막기 위하여 탄소국경세 부과를 선언했다. 앞으로 유럽에 수출하기 위해서는 EU에서 규정한 탄소중립 의 조건에 맞아야 가능하게 된 것이다.

임시세계(연방) 자치행정기구도 EU를 모델로 하되, 기초 행정 단위를 인구 1만 명 기준으로 분할하여 자치행정을 수행하는 조직 편제와 글로벌 복지쇼핑몰을 만들어 독자적인 공용화폐로 매매·유통채널을 갖춰 나아갈 예정이다.

아울러 최근 등장하여 각광을 받고있는 메타버스^{Metaverse}를 활용하여 자치행정·입법·사법기구별로 다양한 정부시스템을 가상공간에서 '메타버스형型 임시세계(연방)정부'를 최초로 만들어 나갈 예정이다. 지구촌 세계의 드넓은 공간 사이의 물리적 거리를 극복하고 각종 제약이 사라지게 된다. 각종 메타버스 플랫폼을 만들고 체험관을 만들어 자치적으로 운영하며, 아바타를 활용하여 선거도 진행할 예정이다.

지구촌 세계가 하나의 정부로 통일되고 인류가 지금까지 꿈꿔온 이상과 꿈을 마음껏 펼쳐볼 수 있는 가상세계가 만들어지는 것이다. 현실 정치에 염증을 느끼거나 메타버스 정치에 참여해 보고 싶은 사람은 누구나 회원이 될 수 있으며, 새로운 세상을 만들어 볼 수 있게 된다.

앞으로 도래할 세계(연방)정부를 미리 체험하는 기회가 될 것이며, 귀중한 사례가 되고 살아있는 메시지가 전파될 것이다. 초기의 개발에 필요한 재원은 뜻을 같이하는 분들의 기부 또는 출연, 회비 등으로 충당할 예정이다.

14-2. 임시 세계정부의 비전과 선언문

임시 세계정부의 비전은 무엇인가?

그것은 지구상에서 전쟁과 빈곤, 질병과 무지가 영원히 사라지고 조화로운 기쁨이 넘치는 가운데 누구나 행복과 인간완성의 삶이 보장되는 세계정부 수립을 앞당기는 것이다.

국경선과 휴전선이 없는 지구촌을 상상해 보라! 핵무기와 대량살상무기가 사라지고 전쟁과 폭력이 없는 평화로운 세상이 시작된다. 막대한 국방비는 인류복지와 과학기술발전, 그리고 사막을 옥토로 만드는 사업에 사용된다.

당연히 지구촌에는 굶주리고 헐벗고 잠자리가 없어서 헤매는 노숙자가 사라지게 된다. 의식주衣食住의 질곡과 가난·질병으로부터 모든 인류가 해방된다. 누구나 배우고 싶은 만큼 배울 수 있게 되므로 무지無知로부터 벗어나게 된다.

노동은 생물로봇이 맡아서 하게 되므로 인간은 노동으로부터 해방되어 누구나 자신이 하고 싶은 일만 하는 세상이 온다! 밤하늘에 반짝이는 '제2의 지구별'을 찾아서 우주로 항해하는 시대가 열리게 된다. 인간이 수천 년간 꿈꾸며 추구해 온 이상향과 지상천국을 향해 인지人智를 모으고 축제의 삶을 영위하게 된다.

우리가 임시 세계정부 활동을 통해서 세계정부시대를 열어가는 것은 곧 남·북한이 가장 평화롭게 통일하는 길이다. 이러한 남·북한 통일의 열쇠는 곧 지구촌 전체의 통일을 열어가는 열쇠가 될 수 있다. 이것이 임시 세계정부를 선언하는 이유이며 비전이다.

임시세계정부는 지구상에서 국경선과 휴전선이 없는 명실상부한 세계정부수립을 촉진하는 역할을 수행하게 된다. 세계정부는 지구촌에서 전쟁을 영원히 종식시키고 모든 인류가 풍요롭고 조화롭게 사는 세상을 지향한다. 이러한 세상을 만들기 위해서는 기본적으로 무엇이 필요한가?

첫째, 먼저 인간의 정신·영성을 이끌어가는 종교의 메시지부터 새로워져야 한다.

인간의 활동무대를 우주까지 넓히고 광대무변의 우주의 건너편에서 지구를 바라볼 수 있는 새로운 세계관과 생각의 틀이 마련되어야 한다. 지구로부터 약 1광년 거리에 있는 '불사의 혹성'에 살고 있는 엘로힘은 인류가 스스로 핵전쟁의 유혹을 이겨내고 은하계를 생활권으로 삼는 우주문명에 합류하기를 기다리고 있다.

인간은 우주문명에 초대받은 주인공이며, 창조자의 동반자라는 사실을 자각할 수 있어야 한다. 과거 2000년 전에 예수가 기존의 편협한 유대교의 벽을 뛰어넘어 온 인류를 향한 복음의 메시지를 전파했었다. 그러나 선민을 자처하며 구세주를 기다려 온 유대인들은 편협한 아집과 욕심에 사로잡혀 예수를 십자가에 매달아 처형했다. 아직도 그들은 예수를 메시아로 인정하지 않으며 신약성경을 외면하고 있다. 그 유대인들의 전철을 지금의 기독교인들은 밟지 말아야 한다. 요한계시록의 진실과 엘로힘^{God}의 실체가 과학적으로 밝혀진 메시지를 더 이상 외면하지 말아야 한다. 기존 종교간의 갈등과 대립은 인류 자멸의 핵 전쟁이 발발할 수 있는 뇌관으로 바뀌었다.

그러나 세계사적·문명사적 대 전환기에 독선과 아집에 사로잡힌 기존의 종교를 뛰어 넘으며, 모든 인간들이 자유롭고 자긍심이 가득찬 '생각의 틀'의 메시지가 필요한 때이다.

21세기의 종교는 육체적으로 건강하고 기쁨을 향유할 수 있기 위하여 의·식·주와 노동으로부터 해방되어야 하며, 정신적으로는 각성되고 지성이 충만하여 존재하는 것만으로도 행복감이 넘치는 방향으로 이끌어가는 메시지여야 한다. 물질적으로는 풍요와 여유가 넘치고 사회적으로는 범죄와 위험이 없고, 갈등과 대립의 상극을 초월한 상생의 협력과 창의적 문제해결을 위한 에너지가 분출되는 정치·경제·사회·문화의 생태계 환경이 만들어져야 한다.

둘째, 기존의 사상과 이념을 뛰어넘는 새로운 차원의 철학·이념을 제시해야 한다. 특히, 한계가 드러난 기존의 자본주의를 수정하고 보완하는 이념이 필요하다. 그래서 필자는 '인도적 공조주의人道的共調主義'를 대안으로 제시한 것이다.

셋째, 개개인의 주민을 주인으로 존중하고 배려하며 섬기는 봉사체제의 세계정부 시스템과 역할이 제시되어야 한다.

우선 임시세계정부의 운영이 선행되어 온갖 위기에 창의적 문제해결 능력의 극대화를 위한 집단지성의 활용방안이 적용되어야 한다. 무엇보다 지구상에서 국경선과 휴전선을 사라지게 만들고 핵무기와 대량살상무기를 생활도구로 전환시킬 수 있어야 한다. 각급 형태의 정부는 스마트 시티 프로젝트를 통한 '인간행복'

플랜을 제시해야 한다. 주민이 각종 지역사업과 과제를 제안하고 집단지성이 창의적 문제해결 방안을 제시하고 자원배분을 결정하는 방향으로 정치와 행정시스템을 만들어야 한다.

세계정부는 기초 행정단위를 1만 명 인구 수를 기본 단위로 지역적 기초 통합자치단체 위주의 정부시스템을 구축하여 주민자치의 형태로 운영하게 된다. 이때 '골목상권 공동경영협업체'와 비슷한 자치적 결사체를 만들어 자율적이고 자치적으로 경제·사회적 문제를 해결해 나가게 된다. 이런 제도적 장치는 스페인 내의 '카탈류냐 독립'에 따른 충돌과 같은 불상사가 사라지게 된다. 이러한 자치단체는 중앙정부로부터의 부당한 억압과 통제로부터 벗어나게 된다. 이러한 기초 자치단체는 주민 개개인과 1 : 1 휴대폰 또는 화상 TV 등으로 연결되어 실시간으로 각종 정보와 서비스를 제공하며 의견수렴을 통하여 상호보완하는 작용을 하게 된다.

이것은 가장 효율적이며 신속하게 주민을 돌보며 봉사하며 주민 개개인의 삶에 있어서 문제해결과 사회적 기반을 제공하는 역할을 점진적으로 확대시켜 나가는 자치시스템이 된다. 모든 행정기관과 자치 시스템은 전 지구적인 네트워크로 연결되고 상하좌우의 정부와 세계정부를 실시간으로 소통하는 시스템이다. 마치 인체의 두뇌와 신체의 각 기관이 상호 작용하는 것과 같은 '유기체적 정치·행정'이 가능하게 된다.

넷째, '생명력이 넘치는 창조적 지성의 충만과 각성'을 돕는 교육·훈련 시스템이 마련되어야 한다. 타인에게 해를 끼치지 않으며 기쁨을 향유하는 능력을 키워주는 방법을 배우고 수련할 수 있어야 한다.

다섯째, 전 지구적 차원에서 창출된 부가가치가 온 인류에게 공유되고, 각종 인종과 남녀노소가 조화로운 '지상천국'을 지향하는 사회 시스템 개념을 제시하고 실천해야 한다.

여섯째, 우주문명과의 교류 · 협력에 앞장서야 한다.

외계인에 관한 증거와 자료는 이미 많이 쌓여 있다. 우주인과의 접촉과 연구를 통해서 그들의 메시지와 과학기술 수준까지도 어느 정도 알게 되었다. 그리고 그들은 우리의 지배자 또는 정복자가 아니라 친구 또는 우주문명의 동반자로 만나기를 원하고 있다. 따라서 그들이 안심하고 지구를 방문할 수 있는 분위기와 여건을 만들어 나가야 한다. 그것이 지구인의 한계를 빨리 벗어나는 길이기 때문이다. 따라서 필요하다면 라엘리안들이 추구하고 있는 '우주인 대사관' 건설에 필요한 부지와 여건을 제공할 수 있어야 한다.

15. 초超종교의 시대의 종교

21세기는 초超종교의 시대다. 그러나 초超종교 시대에도 종교의 역할과 기능은 필요할 수 있다.

그 조건은 무엇인가?

종교는 인간의 영혼과 정신의 지주支柱를 형성하며, 문제를 해결하는 '생각의 틀'을 이끌어가는 역할을 한다.

21세기 인류의 영혼과 정신을 이끌어 가며 문제를 해결할 수 있는 메시지는 과연 무엇이어야 하는가?

더 이상 종교가 다르고 피부와 언어가 다르며 문화와 개성이 다르다는 이유로 다투고 싸우고 테러를 자행하는 만행은 소멸되어야 한다. 이것이 바로 지구상에서 테러와 전쟁을 영원히 추방하는 길이 된다.

기존의 종교 지도자들은 더 이상 인간의 문제해결 능력과 정신의 계몽啓蒙을 막거나 생명력을 속박하고 옭아매려는 책동을 해서는 안 된다. 그것은 요한계시록에서 경고한 것처럼 성직자 스스로 성전을 음녀의 소굴(?)로 전락시키는 범죄 행위이기 때문이다.

예수께서는 '진리가 너희를 자유케 하리라.'고 설파했다. 진리가 무엇인가? 로마의 빌라도 총독이 예수께 물었던 질문이다.

모든 종교가 자기들의 교리는 진리 중의 진리라고 주장한다. 그러므로 모든 종족과 민족, 이념이나 철학, 사상이 다르고 동·서양을 막론하여 고대인이든 현대인이든 어느 누구나 본질적으로 필요하며, 궁극적으로 추구하는 근원적 진리의 개념이 제시되어야 한다.

'우주만물의 본성本性과 움직이는 원리原理에 관한 참된 이치가 곧 진리'이다. 이 진리를 알고 활용하는 방법과 길은 곧 '도道'이며, 사회화 또는 공유共有하는 과정이 바로 교육教育이다.

예수는 "내가 곧 길이요, 진리요, 생명이다."라고 외쳤다. 중용에서 갈파한 '성性·도道·교教'의 밑바탕에는 '생명生命'이 존재한다. 로마 카톨릭 교황이 갈릴레오를 파문하겠다고 협박했던 지동설地動說의 원리도 진리에 속한다. 지금까지 인류가 밝혀낸 과학도 진리의 집적체이다. 그리고 아직 밝혀내지 못한 우주의 원리와 섭리도 진리이다.

첫째, 21세기의 종교는 모든 사람들이 누구나 본질적으로 필요로 하면서 궁극적으로 지향하는 '진리·길·생명'을 지향해야 한다.

인간은 누구나 태생적으로 건강한 생명력을 추구하게 마련이다. 육체적·정신적·사회적, 그리고 환경적으로 건강한 생명력이 충만해야 한다. 동시에 창조주로부터 부여받은 천성天性, 즉 인간의 지성을 창조적으로 완성하는 과정을 걷고 있다. 이러한 현상은 개인적 차원을 넘어서 사회공동체 전체의 창조적 완성으로 심화되고 확산되어 간다. 이것은 인간이 창조주에게 접근하는 과정이며 길이다. 이러한 진화의 과정을 통해서 온 우주는 생명력이 충만하게 되고 천지창조 작업은 완성의 길을 걷게 된다. 그러므로 이 메시지는 21세기 종교의 핵심 메시지이어야 한다.

종교간의 전쟁과 충돌은 유대인과 예수로부터 시작되었으며, 중세의 십자군 전쟁과 유대인들의 팔레스타인 추방과 동유럽에서의 기독교도들의 '인종청소', 그리고 최근 각종 테러의 배후세력으로 악명을 날리고 있는 이슬람 무장세력IS 등 참으로 끔찍한 충돌 사태가 지속되고 있다.

종교와 종교, 국가와 국가, 민족과 민족간의 대치와 증오, 처참한 살육전을 방조하는 기존의 종교와 세계질서가 바로 '악의 축'이다. 미국인들은 그것을 모르고 애써 외면하며 다국적군을 편성하여, 걸프전쟁과 이라크전쟁, 그리고 아프간 전쟁에 이르기까지 악역을 감당하는 자가당착의 어리석음을 되풀이해 왔다.

미국의 9 · 11테러와 응징을 위한 복수전은 악순환을 거듭하고 있다. 최근 유럽 각지에서 테러를 자행하고 있는 IS측은 탄저병 등 가공할 '생화학 테러'와 원자력발전소에 대한 끔찍한 테러를 경고하며 행동을 멈추지 않고 있다. 만약 IS측이 소형 핵무기를 보유한다면 어떻게 될 것인가?

"…… 신의 도시에 거대한 번개가 있고, 두 형제는 혼란에 의해 무너질 것이며, 그동안 요새는 견디어 낼 것이다. 거대한 지도자는 굴복할 것이며, 큰 도시가 타 오를 때 세 번째 큰 전쟁을 시작할 것이다…."

이것은 9 · 11테러 직후 인터넷에 올라온 글이다. 자칫 인류자멸의 제3차 세계대전이 일어날 지도 모른다. 과연 어떻게 해야 될 것인가?

영국의 저명한 역사가 에릭 홉스봄^{Hobsbawm} 전 런던대 교수는 "미국은 세계를 지배할 수 없다."고 단언한다. 그는 "현재 미국은 역사 속의 제국들이 겪었던 직업병과도 같은 '과대망상증'을 앓고 있다."며 "자기 힘의 한계를 알아야 할 것"이라고 충고했다.

전 세계에 65개의 군사거점을 갖고 있는 미국은 잔인한 그 테러가 왜 발생되고 있는지를 심사숙고해야만 한다. 그 폭발의 현장에서 오늘날의 종교간 갈등문제와 세계질서에 절규하며 외치는 목소리를 들을 수 있어야 한다. 그리고 근원적인 처방을 서둘러야 한다.

물통에 구멍이 뚫린 판이 있으면 물은 더 이상 채워지지 않는 법이다. 인간의 수많은 장기 가운데 한 곳이 병들고 쇠약해지면 자칫 죽음에 이를 수 있다. 한 인간이 완성에 이르려면 건강과 지성, 경제적 여유, 사회적 배경 등 수많은 변수가 충족되어야 한다.

아울러 개인과 개인이 연결된 사회공동체가 완전성을 갖출 때 인류는 신神의 반열에 오를 수 있는 것이다. 인간의 육체 속에 내장된 신성神性을 깨닫고 활용하는 방법과 시스템을 갖춘 메시지가 필요하다. 육체와 정신은 하나이다. 육체가 사라지면 정신도 사라진다. 육체적 건강을 토대로 영육간의 각성覺醒을 위한 노력을 게을리하지 말아야 한다.

인간의 정신적 내면세계를 성찰하고 탐색하며 여행하는 메시지와 시스템이 만들어져야 한다. 심오하고 무한한 인간의 정신 세계를 보다 깊고 넓으며 높이 올라서서 마침내 창조자와 교류하며 대화를 나누는 훈련이 개인과 공동체가 함께 체계적이고 단계적으로 진행되어야 한다. 동시에 인간의 발가락에서부터 두개골 정수리까지 수십조에 이르는 세포들과의 커뮤니케이션이 있어야 한다.

내면의 대화와 단련을 통해서 공감대를 느끼며, 육체적 각성에도 소홀히 하지 않아야 한다. 발가락 세포가 병들고 고통을 당하면, 두개골 세포도 동시에 고통과 폐해를 느끼게 된다. 이것은 각 개인이 인류전체를 구성하는 하나의 세포적 존재이며, 동시에 우주적 존재로서의 자신을 깨닫게 되는 길이다.

둘째, 지구상에서 전쟁과 테러를 근원적이며 궁극적으로 소멸시키고, 지상낙원을 설계하고 건설하며 안내하는 메시지여야 한다.

지구라는 하나의 '알卵'은 이제 부화孵化할 때가 되었다. 알에서 깨어난 새는 우주의 창공을 비상飛翔할 수 있다. 인류사회는 이제 창조적 지성과 연계된 과학에 의하여 지상낙원의 시스템을 설계할 수 있게 되었다. 이제는 그 실현을 뒷받침하는 제4차 산업혁명이 시작되었으므로 하루빨리 활짝 개화시켜서 황금문명으로 연결되어야 한다.

황금문명은 인류를 전쟁과 테러, 재난으로부터 완전히 해방시키며, 지구촌 전체를 에덴동산으로 회복시키게 될 것이다. 그리고 온 인류의 생존을 위협하는 핵무기 등 대량살상 무기를 불필요하게 만들고, 천재적 재능이 꽃을 피우는 정치·경제·사회 체제를 인도할 수 있어야 한다.

지구 기후변화와 에너지 위기 등을 해결하고, 불평등·양극화의 자본주의 체제를 '인도적 공조共調주의'로 대체하여 풍요롭고 조화로운 인류사회 체제를 만들어 갈 수 있어야 한다.

셋째, 지구적 차원에서 모든 인류가 의식주의 족쇄로부터 해방되고, 인간의 삶을 풍요롭게 하는 방법과 길이 제시된 메시지여야 한다.

가난은 '죄악'이다. 고통과 치욕, 더러운 것이 바로 가난의 정체이다. 기존의 세계질서는 부익부 빈익빈의 양극화를 가속화시키는 것이었다. 마치 성경속에서 한 달란트를 땅속에 묻어두었던 종從이 여행에서 돌아 온 주인에 의해 춥고 배고픈 밖으로 쫓겨났듯이…!

앞으로는 인도적 공조주의에 기반을 둔 공조경제에 의해 모든 인간이 스스로 존엄성을 유지하고 키워갈 수 있는 사회가 되어야 한다. 이것은 현재의 인류가 가진 지식과 AI, 3D 기술 등과 함께 사회적 제도의 설계에 의해 시스템을 구축하게되면 충분히 가능한 일이다.

넷째, 무지無知와 반反계몽의 새장에서 벗어날 수 있어야 한다. 무지는 어리석고 지식이 부족하며, 맹종하는 것을 의미한다. 이것이야말로 각성된 인간의 가장 큰 장애물이며 '죄악=문제·무능'의 그 자체이다.

모든 인간은 '각성된 지성인'이 될 의무가 있으며, 그것은 동물과 다른 인간의 존엄성을 세워 나가는 일이다. 최후의 메신저 '라엘'은 21세기의 종교는 '과학'이며, 곧이 필요하다면 '무한無限의 종교'를 제시하고 있다. 모든 문제를 과학적으로 해결하고 능력을 키워 나갈 수 있기 때문일 것이다.

무한한 우주의 실체와 전모全貌를 알 수 없기 때문에 겸허하게 무릎꿇고 기도하며 의지할 수 있는 대상으로 제시한 듯 싶다. 아울러 라엘은 기존의 모든 종교를 초월하면서도 포용하라는 메시지를 전하고 있다. 심지어 모든 사람들이 스스로 종교를 만들어 교주가 될 수 있다고 한다.

그렇다! 인간은 커가는 '작은 조물주'이다. 스스로 '작은 조물주'라는 사실을 깨닫고 인간 모두가 그 잠재력의 주인공으로 존귀하며, 무한의 우주속에서 가능성과 희망을 발견하고 추구하는 방향 · 기준이 곧 '무한의 종교'일 것이다.

창조자는 성숙하고 개화된 인간을 원한다. 그것이 온 우주를 경영하는 창조자의 손을 함께 받들어 주고 돕는 길이며, 우주는 넓고 할 일은 많기 때문이다.

"… 볼찌어다. 내가 세상 끝날까지 항상 너희와 함께 있을지어다…."

다섯째, 우주의 행성과 지구가 충돌하는 우주적 재난을 예방하고, 은하계 우주를 생활공간으로 삼으며 우주인과 교류를 넓혀갈 수 있는 우주적 시각과 마인드를 키워주는 종교이어야 한다.

외계에서 고도의 과학기술로 무장하고 지구촌을 방문하는 UFO의 과학적 접근과 우주문명을 수용하며 개화의 계기로 만들어 나가야 한다.

인간은 누구나 각자의 영역에서 이 세상에 태어난 가치를 실현하고 지상낙원을 건설하는 '구세주의 분신分身=작은 조물주=인간"이라는 사실을 각성하는 메시지이어야 한다. 이것은 인간이 은하銀河문명시대에 제2의 천지창조 대업에 기여 하는 역할에 나서는 것이다.

기존 종교간의 갈등과 충돌을 막을 수 있는 방법은 없는 것인가? 제4차 산업혁명의 진전과 함께 새로운 거버넌스governance(협치 시스템)가 기존 종교가 수행해 왔던 기능과 역할을 대행한다.

고대의 통치체제에서는 통치와 종교가 통합된 '제정일치祭政一致'이었다. 임시세계정부에서는 거버넌스와 종교가 통합된 '제정일치의 거버넌스'를 지향하고 있다.

성경과 요한계시록의 진실이 과학적으로 밝혀졌다. 비밀의 관 뚜껑이 열린 아포칼립스 시대가 된 것이다.이제 모든 종교는 '진리眞理'와 '인간 개화'의 통로가 되어야 한다.

앞으로 세계정부의 각급 정부에서는 기존 종교의 기능과 역할을 수행해야 한다. 제정일치祭政一致 체제는 종교와 정치를 분리하지 않으며, 종교 영역이 거버넌스에 의해서 정치·행정의 일부분으로 관장되는 것을 의미한다.

종교란 무엇인가? 종교는 '연결'을 의미한다. 지금은 초超연결·융합시대로 진입하고 있다. 그리고 종교의 핵심역할과 기능은 '죄=문제'를 창의적으로 해결하면서 개화·진화를 돕는 시스템이라고 볼 수 있다. 이제 우주적인 안목으로 지구촌의 인류가 제2의 지구별 혹성을 발견하고 제2의 천지창조 책무를 수행해 나갈 때에 생명력의 알파와 오메가가 되는 종교의 개인화·생활화가 가능하게 되는 것이다.

16. 문제의 창의적 해결과 인간개화

    인간은 누구나 이해되지 않으며 모르는 문제를 두려워한다. 그 두려움으로부터 벗어나려는 의식이 바로 종교행위의 시작이라고 볼 수 있다. 기독교에서 말하는 '죄罪는 곧 문제'이다. 따라서 죄로부터 벗어나는 구원은 곧 문제의 창의적 해결을 의미한다고 볼 수 있다.

    인간개화란 영성의 완성뿐만 아니라 육신의 모든 감각기관을 통하여 건강한 기쁨을 만끽하는 것을 의미한다. 모든 사람들은 개인적으로 또는 사회적으로 많은 문제에 직면하며 살아가고 있다. 기업체 또는 각급 정부와 거버넌스는 수많은 문제에 부딪히며 해결해 가고 있다. 문제의 해결의 속도와 정도에 비례해서 성공과 실패가 좌우된다고 볼 수 있다.

    러시아의 알트 슐러 박사는 약 20만 여건의 특허를 분석하여 발명의 원리, 즉 창의적 문제해결의 방법을 발견했다. 모든 문제는 원인과 이유가 있다. 무엇이 문제인가를 정의하는 것이 문제해결의 출발점이다. 겉으로 드러난 문제의 실질적·본질적 문제가 무엇인가를 규명하는 것이 무엇보다 선결되어야 한다.

그리고 시간, 공간, 조건·상황적으로 분리하여 문제를 유발하는 모순을 밝혀내고 이에 대한 해결방안을 찾는 것이 바로 문제해결방법론으로 트리즈^{TRIZ} 이론을 완성했다. 이 이론모형을 근간으로 필요와 상황에 따라서 적절하게 가감하여 창의적으로 문제해결을 할 수 있게 되었다.

이제 모든 문제는 '창의적 문제해결 방법론^{TRIZ}'이라는 열쇠에 의하여 해답을 얻을 수 있게 되었다. 문제의 정의와 함께 근원적 원인이 발생되는 모순을 시간적 분리, 공간적 분리, 조건·상황적 분리, 그리고 '40가지 발명의 원리' 등을 활용하여 문제의 해답을 과학적으로 찾을 수 있게 된 것이다. 따라서 각급 거버넌스에서는 모든 종교인들에게 '창의적 해법^{TRIZ}'을 활용하여 문제해결과 필요를 충족시켜 주는 발명의 역할과 기능을 수행할 필요가 있다. 앞으로는 이러한 역할과 기능, 그리고 필요한 성경귀절과 사례까지 찾아서 들려주는 AI가 등장하게 될 것이다. 이것이 모든 종교간의 갈등과 대립을 해소하며 궁극적으로 인간 스스로가 '작은 조물주'로 무한無限을 향해 성숙하고 진화해 갈 수 있는 과학적인 방법이다.

우리의 옛 선조들은 홍익인간弘益人間과 이화세계理化世界, 성통광명性通光明을 이상으로 삼았다. 널리 인간을 이롭게 하고, 이 세상을 살기 좋은 이상적인 사회로 가꿔 나가야 하며 스스로의 천성天性을 갈고 닦아서 빛을 발하는 자기완성의 달인達人이 되라는 뜻이다.

그러나 아직도 우리 인간은 반反계몽주의라는 고질화된 감옥에 갇히고 '의식의 노예'로 붙잡혀 있다. 마치 옛 이집트에서 노예생활을 하던 유대인들처럼…!

이제는 우리들의 마음을 열어 주는 새로운 정신운동이나 종교의 탄생이 절실히 요구되고 있다. 인간의 마음을 가둔 문에는 많은 자물쇠가 채워져 있다. 마음이 무한無限을 향해서 밖으로 나오기를 바란다면, 이 자물쇠들을 모두 한꺼번에 열지 않으면 안된다. 만일 하나의 열쇠만을 사용한다면 다른 자물쇠들이 여전히 걸려 있을 것이며, 또 다음 자물쇠를 여는 동안 먼저 번 자물쇠가 다시 잠길 염려가 있기 때문에 모든 자물쇠는 한 번에 다 열지 않으면 안 된다. 일종의 마스터 키key가 필요한 셈이다.

인간은 스스로 이해하지 못하는 것을 두려워한다. 비록 문의 배후에 있는 것이 진리이고, 그 진리가 행복으로 이르는 길이라 할지라도 그 문을 여는 것을 두려워한다. 모르고 익숙하지 않기 때문에 불안하다.

또 사회는 일부 사람들이 이 문을 반쯤 여는 것마저 방해하며, 오히려 사람들이 무지와 불행속에 남아 있기를 바란다. 이것이야말로 마음이 그 자신을 해방시킬 수 있는 문턱으로 나아가는 데에 또 하나의 장애가 되는 것이다.

만일 우리가 이 마음의 문을 열려고 결심한다면, 아무 것도 보지 못하는 자나 무엇인가 보고도 못 본 체하는 자들의 냉소를 무시해야 한다. 왜냐하면 그들은 자기들이 모르는 것에 대해 두려워 하거나 행동에 옮기지 못하는 소인배들이기 때문이다.

마음을 열어주는 것은 자신의 내면세계를 탐색하는 명상이다. 그렇다면 명상이란 무엇인가?

명상은 의식과 육체를 자각하고 통합하는 내면세계의 탐색이다. 명상은 본질적으로 느끼고 깨닫는 감각을 개선하기 위한 감각훈련이다. 이전까지 인간은 육체와 정신으로 이루어진 존재라는 이원론이 지배해 왔으며, 육체적 관능은 형이상학적 정신에 비해 항상 천박한 것으로 경시되어 왔다. 육체적 쾌락을 죄악시해 온 관념은 아직도 뿌리깊게 우리들의 잠재의식을 잠식하고 있다.

오늘날은 전인적 인간성과 기쁨과 활력을 주는 건강한 신체는 사회가 고도로 분화되어 발전함과 동시에 상실되어 가는 면이 있다. 이것은 우리 사회의 수많은 범죄와 자살, 갈등과 대립, 분규와 전쟁 등의 혼란스런 모습이 이를 잘 말해주고 있다.

사회가 고도로 분화되어 발전할수록 육체와 정신이 통합된 인간이 필요한 시대이다. 인간의 본질적 속성은 기능상 두뇌적 사고와 육체적 감수성으로 생각해 볼 수 있다. 사고는 고도로 복잡하고 정밀한 두뇌 기능에 의해 수행된다. 두뇌에 입력된 정보의 축적을 통해 개인은 자아 및 가치관을 설정하고, 그 고정된 체계를 통해 변화하는 모든 외계의 사물을 판단하려 한다.

이때 단편적이며 불확실한 지식에 의한 정보는 인간이 사물을 보는 전체성을 결여하도록 만든다. 그렇다면 이 전체성을 볼 수 있게 해 주는 것은 무엇인가?

그것이야말로 우리들이 천시해 온 우리들의 두뇌를 포함한 실존하는 육체의 총체적 기능, 즉 전인적 감각이 지닌 감수성을 되살리는 것이다. 고감도高感度의 살아 눈떠 있는 감수성은 인간에게 자연과의 교류를 가능하게 하고, 그 아름다움과 다양성, 풍부함을 감수시켜 삶의 순수한 기쁨을 향유할 수 있게 하며, 모든 위대한 예술을 태어나게 한다.

육체는 그 전체가 하나의 커다란 감각 메카니즘이며, 모든 감각이 통합된 시스템으로 움직여 질 때 최대의 기능과 두뇌적 능력이 발휘된다. 신체를 구성하는 수 십조의 세포는 살아 있는 감각 단위로서 각기 세포의식을 가지고 있다.

이 세포들의 의식을 의도적인 지각知覺을 통해 일깨우고 서로 연결시켜 전일적 의식으로 고취하는 것이 바로 명상이다. 현대인의 편중된 두뇌 사용으로 인한 에너지 소모는 신체의 자율신경계를 교란시켜 여러 가지 생리적 밸런스를 깨뜨리고 있다.

이것이 이른바 '스트레스stress'로 과도한 오염물질의 섭취와 더불어 신체의 면역력을 약화시키며, 갖가지 질병의 침입을 자초하는 주요 요인이 되고 있다.

황금문명의 이정표 제시

"… 내가 새 하늘과 새 땅을 보니 처음 하늘과 처음 땅이 없어
졌고… 또 내가 보매 거룩한 성 새 예루살렘이 하나님께로부터 하
늘에서 내려오니… 하나님이 저희와 함께 거하시리니 저희는 하
나님의 백성이 되고 하나님은 친히 저희와 함께 계셔서 모든 눈
물을 그 눈에서 씻기시매 다시 사망이 없고 애통하는 것이나 곡하
는 것이나 아픈 것이 다시 있지 아니 하리니 처음 것들이 다 지나
갔음이러라"(요한계시록 21:1-4)

약 2천년 전 예수의 제자였던 요한은 미래를 예언하기 위하여
하나님으로부터 특별히 선택된 사람이었다. 요한은 UFO를 타고
하나님 여호와가 살고 있는 천국으로 이동했으며, 점점 가까워오
는 혹성세계를 보고 마치 '하늘에서 내려오는 것'으로 착각했던
것이다.

원시인 요한은 고도로 발전된 혹성의 과학기술에 의한 영상매
체를 통하여 미래의 인류역사의 전개상황과 위기, 새로운 메신저
의 출현을 시청했다.

요한은 여기서 첨단과학에 의한 영상과 마이크 음성을 통해서
참람하게도 그리스도의 이름으로 교회에서 저질러지는 추악한 범
죄와 타락상을 보게 되었다. 그리고 666수(세대), 즉 아담과 이브
이후 매 30년 단위의 세대가 666번 째 무렵이 되는 20세기 중반
쯤에는 종말의 위기가 올 것이며, 이때에는 새로운 메시아가 탄
생하여 엘로힘이 인간과 함께 사는 지상천국으로 인도하는 메시

지를 전파하게 될 것이라는 취지의 메시지를 듣게 된다.

지금과 같은 과학문명과 지식이 없었던 당시였으므로 요한은 UFO가 혹성의 도시형 건물에 접근하는 것을 마치 하늘로부터 새 하늘 새 땅이 내려오고 새 예루살렘 궁전이 내려오는 것으로 착각했던 것이다.

이러한 사실은 1973년 12월 13일에 프랑스의 클로드 보리롱 라엘(1946. 6.~현재 생존)이 UFO를 타고 온 외계인 〈엘로하〉를 만나면서 밝혀지게 되었다.

1975년 10월 7일. 라엘은 실제로 UFO에 몸을 싣고 요한이 방문했던 혹성을 방문하여 1박 2일간 체류하며 그곳의 생활을 직접 체험하고 돌아오기도 했다.

라엘에 의하면 자신이 만난 우주인들이 머지않아 UFO를 타고 지구를 방문하러 온다는 것이다. 그들은 고도로 발달된 자신들의 과학지식과 문명을 지구인들에게 전파시키기 위해 나타나게 되므로 지구인들은 두려워하거나 적대시해서는 안 될 것이라고 한다.

오히려 그들을 환영하는 의미에서 UFO의 터미널과 우주인 전용거주시설을 갖춘 '우주인 대사관' 건물을 예비해야 되며, 바로 이곳을 통하여 지구인보다 약 2만 5천년 앞선 우주인들의 과학지식을 전수할 예정이라고 한다. 그러므로 고도로 발전된 우주 과학지식을 우리 한민족이 전수받을 준비를 해야 한다. 구舊한말의 대원군에 의한 통한의 쇄국정책을 결코 되풀이 해서는 안될 것이다. 밀려오는 앞선 문명을 거부하므로써 국력쇠약으로 망국의 나락에 빠진 어리석음의 전철을 밟지 않기 위해서…!

우주인 대사관 시설은 장차 우리 지구인들이 우주여행을 할 때도 유용하게 활용될 수 있으며, 지구촌의 황금·은하문명을 선도하는 전진 기지가 될 것이다.

1969년 인간이 달에 착륙한 이래로 우주는 우리들이 언젠가는 가야 할 미래의 장場이며, 희망과 안식처가 되었다. 최근의 달 표면에서의 물 발견과 화성탐사는 이러한 희망을 더욱 밝게 만들어 주었다.

인간은 도래할 미래의 어느 시대에 지구를 떠나 제2의 지구별을 찾아 새로운 천지창조 작업을 전개하는 그야말로 '작은 조물주'로서의 사명을 기꺼이 수행해야 할 날이 오고 있다.

21세기 말엽에는 달과 화성에 지구인이 거주하는 우주도시를 건설하는 프로젝트도 이미 진행되고 있다. 그리고 우주여행은 보편화될 것이다. 우리가 마음만 먹는다면 언제라도 연인과 함께 은하계를 여행하고 돌아다니는 꿈은 사실 우리의 인생을 황홀한 감동으로 채색하게 될 것이다.

라엘의 메시지는 지구상에서 핵 전쟁을 예방하고, 인간복제를 비롯한 과학을 발전시키며 새로운 가치관으로 은하銀河문명을 열어가기 위한 시의적절한 메시지라고 생각된다.

그러나 이러한 메시지는 천주교와 기독교에 의해서 배척되고 있다. 이 메시지가 지구촌의 지배적 조류가 되기 위해서는 결코 적지 않은 시간이 필요하며 과도기적인 상황이 전개될 것으로 본다. 마치 유대교도들이 예수 그리스도를 핍박하고 배척했듯이…!

이러한 과도기적 상황에 기존의 종교인들과의 불필요한 충돌이 우려된다. 기존의 종교들이 적절하게 적응할 수 있는 단계적 메시지 또는 로드맵road-map이 필요하다는 생각이 든다. 물론 '새 술은 새 부대에 담아야' 하겠지만…!

어느 일본인 기자는 10여 년에 걸쳐 추적하고 탐색한 결과 우주에서 UFO를 타고 온 '셈야제'라는 여성 우주인의 메시지를 담은 책자를 발간했다.

"밤하늘에 반짝이는 저별을 보거던…"이라는 이 책자에 의하면 그간의 지구상에는 엘로힘이 아닌 제3의 우주인들이 자주 왕래했다는 기록이 있다. 그리고 우주상의 갈등과 전쟁, 우주문명의 멸망 등에 관한 메시지가 들어있다. 이것은 무엇을 의미하는가?

이미 우주에는 수많은 행성에서 우주문명이 전개되고 있다는 반증이 아닐까?

지금 세계적으로 '라엘리안 무브먼트Raelian Movement가 활발하게 진행되어가고 있으며, 예언이 하나씩 하나씩 사실로 현실화되어 가고 있다. 라엘은 한국에도 수차례 방문하여 집회를 가지며, 방송에 출연하기도 했다. 그런데 그는 한국정부로부터 '입국금지'를 당했다.

왜 그랬는가?

2003년도 전후하여 세계적으로 복제인간 논란이 제기되었다. 이때 한국의 라엘리안 중에서 여성회원 한 명이 인간복제 아기를 수임受姙했다고 발표하여 언론과 방송을 떠들썩하게 만들었다. 이것은 기존의 가톨릭교계와 보수 기독교계의 반발을 자초했다.

급기야는 당시 노무현 대통령 취임 초기의 보건복지부 장관이 라엘의 입국을 금지시키는 조치를 취하게 됐다. 라엘은 인터뷰에서 자신의 입국을 금지한 한국정부의 대외 이미지가 손상되고 불이익이 있을 것이며, 장래가 불행하게 될 것이라고 언급했다.

　21세기 메시아로부터 멀어지는 한국민의 장래에 대한 두렵고 안타까운 마음을 금할 수 없다. 故 노무현 대통령께서 퇴임 후 급작스런 서거逝去를 겪는 등 한국인의 한 사람으로서 필자의 노파심은 더욱 깊어져 가고 있다. 유대인들이 예수를 배척하여 얼마나 큰 고통과 시련을 겪었던가…!

　이제 한국의 종교계와 정치권은 각성하고 즉시 라엘 입국 금지 조치를 해제해야 한다.

　라엘은 누구나 자기 나름대로의 종교를 만들고 스스로 교주가 될 수 있다는 메시지도 전했다. 이것은 기존의 종교생활을 계속해도 무방하다는 포용력의 상징적 표시이다. 인류의 성장과정에서 구약성경과 선지자들의 메시지는 마치 초등학교 과정과 비슷한 것이었다. 몇 년간의 초등학교 과정을 졸업하게 되면 중·고등학교 과정으로 입학을 하게 되며, 이때 필요한 메시지와 교재가 바로 신약성경이라고 할 수 있다. 유대인들은 초등학교를 졸업하고 중·고등학교에 진학하기를 거부한 셈이다. 이제 인류는 위험한 사춘기의 과정을 포함한 중·고등학교 과정을 졸업하고 대학과정에 입학해야 할 때가 되었다. 대학과정에 필요한 메시지가 바로 라엘의 메시지라고 볼 수 있다. 대학과정은 초·중·고등학교 과정에서 배우고 익힌 지식이 토대가 된다.

　예수의 복음은 아직도 중·고등학교 과정이 필요한 지구촌 곳곳에 필요하고 유용한 것이다. 예수의 복음이 들어가면 개화가 일어난다. 그만큼 진리와 믿음·소망의 가치가 내포되어 있기 때문이다.

"… 진실로 너희에게 이르노니 너희가 만일 믿음이 한 겨자씨만큼만 있으면 이 산을 명하여 여기서 저기로 옮기라 하여도 옮길 것이요 또 너희가 못할 것이 없으리라."(마태복음 17:20)

동양에는 '정신일도 하사불성精神一到 何事不成'이란 용어가 있다. 믿음 또는 신념의 힘은 못 이루는 일이 없다는 뜻이다.

인간의 정신력은 쇠로 된 수저를 부러지게 할 정도로 강력한 에너지가 발생된다는 것은 상식이 되었다. 인간의 두뇌기능은 무한한 잠재력을 갖고 있다는 사실이 과학적으로 밝혀지고 있다.

인간의 잠재력은 무한하다. 이 잠재력은 꿈과 자기암시, 믿음 또는 신념에 의해 현실적으로 나타나는 속성을 지니고 있다. 이것이 예수가 강조한 믿음과 기도의 힘이다.

이제 인류는 제4차 산업혁명에 의하여 황금·은하문명으로 진입하고 있는 중이다. 이때 라엘의 메시지는 사고체계와 가치관의 새 기준을 제시하는 황금문명의 복음으로 자리잡게 될 것이다. 또한 지구촌 인류의 두뇌역할을 하는 세계정부를 탄생시키는 원동력이 될 것이며, 임시 세계정부의 필요성에 대한 가장 훌륭한 바탕이며 가이드 라인 역할을 하고 있다.

17. 인간은 곧 작은 조물주

17-1. 작은 조물주의 시詩

작은 조물주―나의 마음은
온 우주 전체 시간과 공간이 하나된 시각 속에
새알 만큼한 지구 따사한 가슴에 품고
해탈부화解脫孵化의 산고産苦를 겪는다.

작은 조물주―나의 마음은
내 몸의 세포들과 함께 깨달음과 기쁨을 찾아
내 영혼의 무한한 잠재력의 보고寶庫를
살포시 열어 나가며
모든 인류가 지금껏 모아온 지혜와 가능성으로
통일과 변화, 변화와 통일 속에
미래의 꿈을 가꾸며 채워 나간다.

작은 조물주―나의 마음은
생명력 넘치는 창조적 지성의 충만으로

인간개화와 자아완성의 물꼬를 트며
그 모진 먹이사슬 족쇄를 풀고
굳어 낡은 껍질 벗기며
개체와 전체의 창조적 완성을 향해서
쉼 없이 크며 성숙해져
저 높은 곳으로 올라가는
높고 깊고 널따란 홍익弘益인간의 우주적 지구정신이어라.

작은 조물주－나의 마음은
우주 영력靈力 폭탄 만들어 핵무기도 독가스도 없애며
모든 장벽 무너뜨리고 국경선도 휴전선도 걷어내리
인간들이여!
이제는 너희의 보배스런 창조적 지성으로
여의주如意珠 만들어
조물주 곁으로 가는 큰 자유인이 되라!

작은 조물주－나의 마음은
삶의 시작부터 끝까지 그 많은 시험과 단련이
끝내 커 가는 작은 조물주 되게 하며
다시 일어나 걷게 하는
그 큰 사랑과 고귀한 뜻 다 이루리라!
기어이 살아 인간과 신神이 하나 되는 오작교 만들어 마침내
합일合一의 그날 오게 하리라!
작은 조물주－나의 마음은

각성覺醒과 영혼의 단련으로
하늘로 하늘로 날아 올라가는 날개 짓 속에
하나 된 우주 속의 지구인 중심을 바라보며
천둥번개 속에
영원 움켜쥔 구원久遠의 항해러라!

위의 시詩는 필자가 1988년 9월 중순경 서울올림픽이 진행되는 현장을 목격하며 쓴 것이다. 약 160여 개국의 선수들이 한 자리에 모인 서울올림픽은 '하나의 지구인地球人'이 탄생된 것으로 볼 수도 있었다. 이 시의 탄생 배경과 의미를 좀더 자세히 살펴보자.

17-2. 탄생배경

영국의 작가 살만 루시디$^{Salman \ Rushdie}$가 쓴 '악마의 시^{The} $^{Satanic \ Verses}$'로 인하여 회교권에서 큰 반발이 있었다.

회교에 대한 폄하와 모욕을 느낀 당시 이란의 정신적 지도자 호메이니옹은 저자를 처단하는 자에게 4,000만 달러의 현상금을 걸기까지 했다. 이것은 창작활동에 대한 과도한 반응이었지만 현실적으로 종교간의 충돌을 야기시킨 것이다. 이러한 흐름의 연장선에서 동유럽의 인종청소 전쟁이 발발하고, 미국에서는 9 · 11테러사건이 발생했다. 그리고 다국적군의 이라크 침공과 아프간 전쟁으로 이어졌던 것이다.

이것은 과거 중세시대의 십자군 전쟁과도 일맥상통한 면이 있다고 볼 수 있다. 유대교와 기독교의 유일신唯一神 사고방식에서 비롯된 독선적 흑백논리에 의한 '제로섬$^{zero \ sum}$ 게임'이라고 볼 수도 있다.

오늘날 핵무기가 확산되고 있는 상황에서 이러한 충돌은 매우 위험스러운 것이다. 자칫 인류 자멸의 불씨가 될 수 있다. 그렇다면 종교간, 인종간, 문명간의 조화를 이루어 낼 수 있는 메시지는 무엇인가?

인간은 궁극적으로 창조자와 접목되어 광대무변의 천지창조 작업을 완성해야 할 존재이다. 그러므로 인간은 창조자의 분신이다. 인간은 커가는 작은 조물주이다. 혹성차원에서 볼 때 인간 개개인은 지구인地球人을 구성하는 세포적 존재라고 볼 수도 있다.

생각해 보라! 자신의 신체의 일부를 이루는 지체간에 또는 세포 간에 죽이고 죽는 싸움을 원하는 자가 있겠는가?

'작은 조물주의 시詩'는 창조자의 마음과 시각으로 우주의 건너편 저편에서 지구인地球人을 바라보기 위한 안목을 제시하기 위해 씌어진 것이다. 무한한 우주속의 항해자와 같은 마음과 시각으로 매사를 생각한다면 온갖 갈등과 대립은 참으로 하찮은 일에 불과하다. 남산타워에 올라가서 서울 시내를 내려다 보는 것보다 훨씬 더 사소한 일로 보이게 된다. 따라서 개인의 의식세계에 엄청난 압박감으로 다가오는 종교의식도 사소하게 보이게 되고 생각이 바뀔 수 있으리라…!!!

17-3. 우주의식과 시각

우리가 스스로를 의식할 때 우리는 존재에 대한 자의식을 갖게 된다. 마찬가지로 타인의 시각에서 의식하면 타인의 의식으로 나와 세상을 헤아려 보게 된다. 우리가 지구를 의식할 때 우리는 지구 의식 그 자체가 된다. 우주를 의식할 때는 역시 우주 의식 그 자체가 되는 것이다. 우리의 육체라는 우주를 구성하고 있는 약 70조에 가까운 세포의 존재를 의식하게 되면 우리의 의식은 세포가 되고, 생명의 리듬이 흘러 나오는 심장이나 폐를 의식하면 역시 그것이 된다.

바로 이것이 무한소와 무한대의 우주와 조화하는 비결이며, 작은 조물주의 마음을 회복하는 방법이다.

인간의 의식과 시각을 우주로 넓혀서, 마치 해변에서 광활한 바다를 바라보듯이 우주의 해변에서 새알만큼 한 지구를 바라볼 수 있어야 한다. 그 안목과 마음으로 지구와 인류를 내려다 볼 때에 문제와 위기와 한계가 또렷이 보이고, 동시에 활로가 눈에 들어올 것이다.

지금 인류와 지구는 많은 문제를 안고 있다. 그러나 거침없이 포용하는 사랑의 에너지를 가진 따사한 가슴으로 지구를 품어 부화孵化시키는 산고産苦를 겪음으로써 새로운 차원의 세계를 열어 갈 수 있다. 세포들의 우주인 우리 자신의 육체가 가지고 있는 기쁨의 메카니즘을 이해하고 세포적 존재 의식을 깨달을 때에 영혼의 잠재력을 창조적으로 완성시켜 나갈 수 있게 된다.

작은 조물주의 마음은 생명력 넘치는 창조적 개화와 자기완성의 물꼬를 트며 먹이사슬의 족쇄를 풀고 인간 성숙의 계단을 올라가는 것이다. 개성과 생각이 다르고 피부색깔과 인종이 다르다는 차이점을 인정할 수 있어야 한다. 종교와 문화가 다른지역과 민족과 문화권이 서로 상대방을 존중하고 협력하며 포용하도록 만들어야 한다.

작은 조물주의 시詩 속에는 현대인들이 목마르게 찾고 있는 건강과 여유, 완전한 사랑과 성性의 만끽, 육체와 정신의 각성을 통한 인간 잠재력의 창조적 완성을 추구해야 한다는 메시지가 담겨 있다.

17-4. 영력폭탄

작은 조물주
나의 마음은
우주 영력靈力폭탄 만들어
핵무기도 독가스도 없애며
모든 장벽 무너뜨리고
국경선도 휴전선도
걷어내리

작은 조물주의 마음이 곧 '우주의 영력靈力폭탄'이다. 이 무한한 에너지를 가진 정신 폭탄이야말로 위태롭기 짝이 없는 지구상의 모든 핵무기나 생·화학무기 등 모든 무기를 쓸어버리게 될 것이다. 그리고 좁디 좁은 사람들이 지금도 쌓고 있는 현대판 바벨탑을 허물고 장벽을 무너뜨려 지구촌에서 국경선과 휴전선을 걷어내는 놀라운 능력을 나타내는 영적 폭탄이다.

한 걸음 더 나아가 무한한 가능성을 지닌 인간의 창조적 지성을 갈고 닦아 마치 여의주如意珠를 품은 듯한 대大자유를 사람들에게 나누어 주는 마음이다.

인간 잠재력의 창조적 완성을 향한 조물주의 참뜻을 깨닫게 된다면, 삶의 과정에서 부딪히는 그 많은 문제와 시련과 시험이 하나의 과정이라는 것을 이해하고 인내하는 힘을 키워주게 된다.

작은 조물주의 마음은 각 개인이 하나의 세포로서 지구촌 인류 전체가 하나의 유기체적 일체를 이루는 지구인地球人으로 거듭 태어나게 하는 마음이다. 그리고 지구를 벗어나 우주의 창공으로 생명력을 키워 나가는 마음이다.

또한 천둥번개 치는 순간 속에 영원과 무한이 존재한다는 것을 헤아리는 마음이다. 우리 자신의 몸이 해체되어 원자로 돌아가 지구를 구성하고 언제인가 지구가 해체되면 우주로 흩어져 우주와 함께 영원히 존재한다는 사실을 깨닫는 마음이다.

동시에 인간 잠재력의 창조적 완성을 향한 진보의 계단을 오르고 또 오르며, 오랜 인고의 세월을 거쳐서 마침내 인간이 태초의 조물주와 일체를 이루는 경지境地를 바라보는 마음이다. 그러므로 작은 조물주의 시詩는 그 자체가 개벽을 일으키는 영력靈力폭탄이다.

『우주심宇宙心과 정신물리학』을 쓴 이차크 벤토프에 의하면, 서로 다르게 진동하는 진동자들은 '리듬편승rhythm entertainment'의 영향으로 진동하는 양상이 같아진다고 한다. 또한 진동하는 양상이 같은 진동자들은 '공명共鳴'하기 쉽다고 하며, 우리의 현상계는 모두가 진동하는 실체라고 한다.

실제로 우주 만물은 끊임없이 움직이고 있으며, 움직이지 않는 것은 아무 것도 없다. 다시 말해 자연계는 비슷한 진동수를 가진 것들이 두 개 혹은 여러 개 있으면 그 작은 차이를 고집하는 것보다는 함께 보조를 맞추어 진동하는 것이 훨씬 경제적이며 보신保身에 이롭다는 사실을 잘 알고 있으며, 이는 자연계 전체의 현상이라는 것이다.

리듬 편승은 곧 조화이다. 따라서 스스로에게 조물주 속성이 내장되어 있다는 사실을 각성한 인간은 우주 의식과 시각을 가지고 태초의 조물주의 마음과 뜻에 공명하고 조화를 추구한다.

무한한 가능성의 잠재력을 가진 영력靈力을 개화시키며, 개개인 스스로 뿐만 아니라 이웃과 사회, 인류 전체의 창조적 완성을 동시에 추구해야 할 책무를 느끼게 된다.

한 인간의 행위는 전자장이나 중력장을 흔들게 되고, 이때 자장과 중력파의 확장을 통해 천지사방 우주의 끝까지 퍼져간다고 한다. 그러므로 원칙적으로 아무리 사소하고 하찮은 행동이라도 우주 전역까지 광범위하게 퍼져가서 다른 사물이나 존재에 반드시 영향을 미친다는 것이다. 비록 그 사물이나 존재가 그 영향을 느끼지 못한다고 해도 말이다.

우리 자신은 실제로 이러한 자장과 중력파의 파동을 통해 우주 전체의 생명체와 연결되어 있다고 할 수 있다. 왜냐하면 우리 모두는 일종의 진동체이며, 그 속에는 어느 것 하나 고정되고 정지해 있는 것이 없기 때문이다. 그러므로 만일 우리의 삶의 시작과 끝을 함께 보게 되면 전 우주적인 의식과 지식, 정보와 진리를 알아보며 획득할 수 있을 것이다.

또한 이러한 자장과 중력파를 감지 분석할 수 있는 장치가 개발된다면 전 우주상의 생명체의 행위에 대한 정보를 속속들이 정확하게 획득할 수 있게 될 것이다.

우주는 하나의 모듈화된 시스템이다. 그러므로 하나 또는 일부분은 전체에 통하고 전체는 하나 또는 일부분에 통한다. 이것의 구체적인 한 예가 우리의 염색체 안에 들어 있는 유전자^{DNA}이다. 우리 몸의 각 세포 속에는 우리와 똑같은 몸을 새로 하나 만드는 데에 필요한 모든 정보가 다 저장되어 있다. 그렇기 때문에 이 세포를 통하여 복제인간의 창조가 가능한 것이다.

이것이 또한 작은 일부분으로부터 전체의 상을 되살리는 홀로그램의 기본 원리이며, 자연계의 정보 저장 방식은 바로 이것과 똑같다. 그리고 우리의 두뇌도 홀로그램 형태로 정보를 저장한다.

17-5. 현대의 여의주如意珠

인간들이여! 이제는 너희의 보배스런 창조적 지성으로
여의주如意珠 만들어 조물주 곁으로 가는 큰 자유인이 되라.
작은 조물주–나의 마음은
삶의 시작부터 끝까지 그 많은 시험과 단련이
끝내 커 가는 작은 조물주 되게 하며
다시 일어나 걷게 하는 그 큰 사랑과 고귀한 뜻 다 이루며
기어이 살아 신神과 하나되는 오작교 마침내 건너리라.

'창조적 지성은 곧 현대의 여의주'이다. 인간과 신神이 하나로 연결될 수 있는 통로이다. 세상의 근본적 요소는 무엇인가? 그것은 바로 생명력의 에너지energy(힘)이다. 육체적으로 건강하여 생명력이 넘치면서 창조적 지성이 충만한 상태가 '인간완성'으로 가는 길이며, '생명력의 선善순환 작용력(힘)'이 바로 만유萬有의 기초이다.

우주적 시각에서 '무한無限과 조화調和'를 이루고 새로운 지식의 지평을 열어 나가야 한다. 존재하는 그 자체만으로도 기쁨을 느낄 수 있는 육체적 건강과 각성된 마음으로 우주를 향해 비상飛翔하는 꿈과 비전이 중요하다는 메시지이다.

17-6. 개체와 전체의 창조적 완성

개체와 전체의 창조적 완성을 향해서 쉼 없이 크며 성숙해져
저 높은 곳으로 올라가는 우주적 지구정신이어라.

각 개인은 인류 전체의 세포적 존재이다. 다만 그 세포가 두뇌
를 형성하고 있는가, 아니면 발가락 세포에 해당되는가 하는 차
이는 있을 것이다.

그러나 어떠한 세포도 전체와 통하고 있으며, 그 개개의 세포
에 대한 고통이나 기쁨, 그리고 질병은 곧 전체 세포에 전달되
고 영향을 미치게 된다. 발가락에 가시가 박히면 온몸이 고통스
러워지는 것이다.

그러므로 우리 인간은 스스로에게 내장된 무한의 가능성을 가
진 잠재력을 창조적으로 완성시켜 나갈 뿐만 아니라 동시에 인류
전체의 잠재력도 창조적으로 개화시키고 완성시켜 나가야 된다.

그리고 광대무변의 우주 속에서 지구뿐만 아니라 제2, 제3의
지구를 계속 발견하고 새로운 생명체를 창조하며 우주의 뇌세포
에 해당하는 인류를 우주적 규모로 확장시켜 나가야 한다. 따라서
인간의 활동영역은 온 우주로 넓혀지기 때문에 좁은 지구 안에서
더 이상 싸우고 다투는 것은 우물 안의 개구리와 다를 바가 없다.

인류가 우주로 진출하면 새로운 제2의 지구별을 발견하여 인
간에 의한 제2의 천지창조 가능성이 열리고 있다. 지구로부터 약
39광년 거리에 물이 있을 것으로 관측되는 제2의 지구별과 비슷

한 별 3개가 발견(2017.02.23.) 되었다고 한다.

　인류가 제2의 지구별을 탐색하고 제2의 천지창조 작업을 수행하게 된다면 지구인을 창조한 조물주의 마음은 한없이 기쁘고 흐뭇할 것이다. 따라서 먼저 깨달아 지식과 정보를 획득한 극소수의 선각자나 종족, 문명권은 결국 인류 전체에 환원시키고 순환시켜서 더 높은 경지로 상승하고 진보할 수 있도록 기여하고 봉사할 사명과 책무를 짊어져야 된다.

17-7. 알에서 깨어난 새 인류

새알만큼한 지구 따사한 가슴에 품고 해탈부화의 산고産苦를 겪는다.

21세기 우주문명의 세계정부시대에는 기존의 생각의 틀과 가치관이 일대 전환하게 된다. 알의 세계에서 깨어난 새가 창공을 날아다니는 경우와 비슷하리라…!

인류가 지구라는 껍질을 깨고 우주의 창공을 날아다니는 '우주의 새'가 되는 경우에는 보이는 시야와 생각의 범주와 윤리의 기준이 다르게 마련이다.

인류 최후의 메신저로 선택된 라엘이 엘로힘Elohim(하늘에서 온 사람들)으로부터 받은 메시지의 주요내용에 대해서 필자의 상상력과 견해를 약간 덧붙여 살펴보기로 하자.

과연 그의 메시지는 21세기의 상황에 맞는 가치관과 사고체계에 적합한 것인가?

그의 메시지가 기존 종교상의 교리와 상충된다고 해서 무조건적 그리스도로 치부하는 것은 지성인답지 못한 무뢰배들의 치졸한 처사가 아닌가…?

과학과 인지人智의 발달로 새로운 메시지가 필요할 때 메신저가 등장했다면 반가워해야 한다. 기존의 종교는 과거 유대교가 진리의 왕으로 이 땅에 온 예수를 십자가에 못 박은 것과 같은 어리석음을 되풀이해서는 안 된다. 그 보다는 성경속의 비밀과 하나님의 실체를 과학적으로 밝혀주고 완성시켜 나가는 메시지의 진면

목에 주목하는 자세가 필요한 것이다. 이것은 대학생이 된 자녀가 부모의 진면목을 살펴보는 것과 같으며, 부모는 성장한 자녀에 대하여 흐뭇하고 대견스럽게 여기는 것과 같다.

라엘의 메시지는 대부분 현대사회에서 논란이 되고 있는 사회적 이슈들에 대한 명쾌한 판단기준과 가치체계를 제시하고 있다.

물론 그의 메시지가 전부 이해되지 않을 수 있다. 그렇다면 계속 그 진위와 가치를 탐색하고 고민하는 자세가 필요하리라…!

참고자료 목록

1. 난세의 영웅(체인지업북스 출판사, 허경영 저)

2. 만유원리/기본과정(도서출판, 최상익 저)

3. 만유원리/지도과정(도서출판, 최상익 저)

4. 만유원리/전문과정(도서출판, 최상익 저)

5. 만유원리/종교편(도서출판, 최상익 저)

6. 신세기에는 신세계가 온다(도서출판, 최상익 저)

7. 불멸의 이순신(2005.1.10, 황금가지, 김탁환 저)

8. 주식회사 대한민국 CEO 박정희(2005.3.15, 홍하상 저)

9. 박정희(2005.5.30, 민족문제연구소/뉴스툰, 백무현/박순찬 저)

10. 세계를 움직일 대한민국 꿈과 희망을 찾아라

   (2005.7.20, 씨에스북, 김명규 저)

11. 한국, 번영의 길(2005.6.27, 해냄출판사, 공병호)

12. 리치하우스(2002. 4.30, 아름다운 사회, 유용한)

13. 신념의 마력(1976.4.30, 정음사, 클라우드 M.브리스톨 저,최영조 역)

14. 나의 신념 나의 철학(1989.1.25, 사세휘 저, 금성철 역)

15. 진실의 서(1992.1.22, 클로드 보리롱 라엘 저, 배귀숙 역)

16. 감각명상(1992.9.7, 클로드 보리롱 라엘 저, 배귀숙 역)

17. 천재정치(1992.9.7, 클로드 보리롱 라엘 저, 배귀숙 역)

18. 시크릿실천법(2009.11.30, 존 디마티니 저, 한수영 역)

19. 슈퍼맨실천법(2009.12.25, 김영사, 김지완 저)

20. 한국인의 꿈(2018.3.1, 신아애드, 백진우 저)